CATALOGUE RAISONNÉ

# DES PORTRAITS

GRAVÉS PAR LES TROIS FRÈRES

## WIERIX.

LOUIS ALVIN.

# CATALOGUE RAISONNÉ

DES

# PORTRAITS

GRAVÉS PAR LES TROIS FRÈRES

# WIERIX.

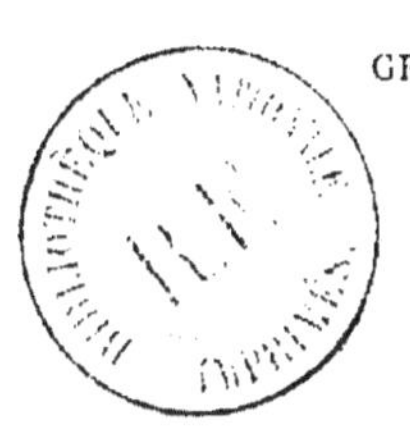

BRUXELLES,

T.-J.-I. ARNOLD, LIBRAIRE-ÉDITEUR,

12, RUE DE L'HÔPITAL.

1867

# INTRODUCTION.

Le vaſte répertoire iconographique de Bartſch réclamait plus d'un ſupplément. Pluſieurs maîtres graveurs dignes d'y figurer n'y ont point trouvé place. M. Robert Dumenil a comblé en partie la lacune pour les artiſtes français ; dernièrement, M. Meaume, de Nancy, a décrit, en deux volumes, l'œuvre du ſpirituel & fantaiſiſte Jacques Callot ; M. Parthey avait rendu le même ſervice à Wenceslas Hollar, le bohême. J'ai entrepris un labeur du même genre en mémoire des trois anverſois qui ont été les derniers & non les moins habiles repréſentants des plus anciens procédés de gravure en taille douce.

L'œuvre des trois frères Wierix offre un double intérêt : au point de vue hiftorique & à celui de l'art. Ces infatigables ouvriers ont travaillé fans relâche pendant plus d'un demi-fiècle, de 1562 à 1618. Il n'eft guère de perfonnage illuftre de leur temps dont leur burin n'ait confervé la fidèle image. Tant qu'ils ont vécu, pas un livre à gravures n'eft forti des preffes anverfoifes fans la participation de l'un au moins des trois frères. Tantôt ils reproduifent les créations des peintres en renom, tantôt ils gravent leurs propres inventions; abordant tous les genres, ils font, en quelque forte, le miroir qui reflète les idées qui avaient cours, dans les provinces belgiques, au fortir de la grande crife du XVI<sup>e</sup> fiècle.

Je viens de les qualifier d'anverfois; mais tous les biographes en font des hollandais. J'ai moi-même accepté cette tradition lorfque, en 1860, je publiai une notice biographique fur les Wierix. J'accueillis, toutefois, alors une opinion nouvelle qui, fans leur enlever leur nationalité, fubftituait Breda à Amfterdam dans l'honneur d'avoir donné le jour à Jean, l'aîné des trois frères. C'était déjà rapprocher leur berceau du véritable lieu de leur naiffance; ce n'était pas encore affez : il faut aujourd'hui que je revienne fur cette rectification, qui ne repofait elle-même que fur un document mal lu ou plutôt mal traduit.

L'examen attentif des innombrables pièces qui compofent l'œuvre des trois frères m'avait déjà fuggéré des doutes férieux. Je me demandais comment il fe faifait que prefque toutes leurs eftampes avaient été éditées à Anvers; comment le nom d'Amfterdam ne s'était pas rencontré une feule fois fous leur burin.

Au moment d'imprimer le catalogue de leur œuvre, il m'importait de diffiper l'obfcurité qui entourait encore l'origine des Wierix. Je me fuis donc adreffé à des hommes qui fe font fait un nom par de précieufes découvertes corrigeant bien des erreurs biographiques.

J'ai mis à contribution la patiente fagacité de nos explorateurs d'archives. Je leur dois un témoignage de reconnaiffance pour l'empreffement défintéreffé avec lequel ils m'ont fecondé dans ma tâche.

J'ai profité des travaux de MM. Van Lérius, Alex., Pinchart & Piot; M. le chevalier Léon de Burbure a mis à ma difpofition, avec une abnégation parfaite, les réfultats inédits de fes confciencieufes recherches; j'ai trouvé plus d'un renfeignement utile dans les *Annales plantiniennes* de MM. De Backer & Ruelens &, pendant tout le cours de l'impreffion de ce livre, l'érudition variée de ce dernier m'a été fingulièrement précieufe.

Si cette notice jette enfin la lumière fur l'origine des Wierix, fi je puis rendre à la Belgique trois artiftes éminents qui lui avaient été enlevés au profit de nos voifins, je n'ai pas la prétention de m'attribuer l'honneur exclufif de cette réparation; j'en prends ma part, mais en laiffant celle qui leur revient à tous ceux dont le concours direct ou les publications ont facilité mon travail.

Il faut que j'entre dans beaucoup de détails, que je cite mes autorités; on ne me croirait point fur ma parole; je dois donc me préfenter armé de documents dont l'authenticité foit irréfutable. Il ne s'agit de rien moins que d'enlever, d'un feul coup, trois illuftrations à la Hollande & de les reftituer au Panthéon belge. L'enjeu en vaut la peine; affurément il fera difputé.

# I.

La tradition qui fait naître à Amſterdam les frères Wierix n'eſt appuyée d'aucune preuve poſitive. On ne rencontre
le nom de cette ville ni d'un éditeur y domicilié ſur le
premier état d'aucune des pièces ſi nombreuſes qu'ils ont
gravées. Il ſerait bien étrange que tous les trois ſe fuſſent,
en quelque ſorte, donné le mot pour ne jamais faire mention, dans leurs ouvrages, de la ville qui leur aurait donné
le jour. Il me paraît donc inutile de diſcuter l'aſſertion de
Huber, de Gori, de Malpé, de Brulliot, de Nagler & de
tant d'autres qui n'ont fait que ſe copier.

La réfutation de l'erreur accueillie par moi-même, en
1860, ſera donc le point de départ de ma rectification.

Un hollandais, nommé Jan Wiericx, obtint, en 1582, les
droits de bourgeoiſie à Anvers. L'acte authentique qui con-
ſerve la preuve de ce fait porte : *Ultima decembris* 1582,
*Jan Wiericx, van Breda, ſegeler.*

M. le chevalier Léon de Burbure, dans une lettre du
24 janvier dernier, explique ainſi l'erreur dans laquelle
pluſieurs biographes ſont tombés à propos de ce texte :
Le mot *ſegeler* ſignifie *ſigilliſer, ſigillator, obſignator*, en
français *ſcelleur, timbreur*. Chaque braſſerie d'Anvers, par
exemple, avait, à cette époque, ſon *ſegeler*, qui devait
rendre compte au fiſc de la fabrication. Il en était de même
pour les fabricants de draps, de toile & de pluſieurs autres
produits. Il n'eſt donc pas poſſible d'admettre plus longtemps l'identité du Jan Wiericx de Breda & de l'aîné de
nos graveurs. Cette opinion écartée, on ſe demande natu-

rellement fi la ville où les trois frères ont conflamment travaillé ne pourrait pas être leur lieu de naiflance.

Les archives des paroiffes de la ville d'Anvers, les regiftres de la corporation de Saint-Luc, dont la publication fe pourfuit par les foins de M. Van Lérius, renferment des actes nombreux, des indications précifes au moyen defquels il eft aifé de démontrer que la famille Wierix était établie dans notre métropole commerciale dès le XVe fiècle. Déjà, en 1499, un Michel Wierix était reçu, comme élève, chez le peintre Jan de Coninck; en 1516, le même Michel obtenait la maîtrife. En 1536, *Hynrick Wyerinchs* eft reçu franc-maître; un Henri Wierickx contracte mariage, le 6 avril 1589; ce n'eft probablement pas le même. En 1538, *Anthonis Wierix* entre en qualité d'élève chez le peintre Jean Verkelen. Enfin, en 1545, le même Antoine, qui n'eft autre que le père de nos artiftes, eft admis à la maîtrife. Ce peintre, époufa, au mois d'octobre 1548, dans l'églife de Notre-Dame, à Anvers, *Cornélie Embrechts,* fille de Jean. Les enfants iffus de ce mariage ont dû naître dans les années qui fuivirent; mais les livres de baptême des premières de ces années n'étant point parvenus jufqu'à nous, M. de Burbure, qui me donne ces renfeignements, ajoute qu'il n'a pu en faire la conflatation authentique. Il n'en eft pas de même pour leur fœur *Suzanne Wierix*; celle-ci eft portée au regiftre de 1560 comme ayant été baptifée à Notre-Dame le 1er août. Cette infcription prouve que les parents de nos trois graveurs habitaient encore alors la paroiffe où ils s'étaient mariés douze ans auparavant.

Si nous n'avons pas d'acte rappelant le jour de la naiffance des trois frères, il y a, du moins, pour les deux aînés, un moyen d'en déterminer l'année; c'eft ce que je m'efforcerai de faire tout à l'heure.

La continuité de leur féjour à Anvers eft plus facile à établir. Jean, que tous les biographes s'accordent à reconnaître pour le premier né, entra comme maître dans la corporation de Saint-Luc, en 1572, fous le décanat de Martin de Vos. Fils de maître, il put faire fon apprentiffage dans la maifon paternelle, & fut affranchi de l'infcription préalable à la gilde & de la production du chef-d'œuvre exigé pour l'admiffion à la maîtrife. Son père, on vient de le voir, était peintre; peut-être maniait-il le burin en même temps que le pinceau.

Le *Liggere* (regiftre de la corporation de Saint-Luc) qualifie Jean Wierix de graveur fur cuivre (*coperfnyder* & non pas *fegeler*).

Le 28 novembre 1576, Jean époufa, dans l'églife de Saint-Jacques, à Anvers, Élifabeth *Bloemfleyn* ou *Blomfteen*, fille de Nicolas, dont naquit, entre autres enfants, un fils nommé Jean comme fon père; il vint au monde quatorze ans après le mariage, & fut baptifé à la même paroiffe de Saint-Jacques, le 28 feptembre 1590.

Jean Wierix fe trouvant accidentellement à Delft, le 15 novembre 1578, fut obligé d'envoyer une procuration à fa femme, demeurée à Anvers, afin que celle-ci pût vendre une part de propriété provenant de la famille *Embrecht*. Ce bien devait avoir été compris dans leur héritage du côté maternel; on fe rappelle que la mère de nos graveurs fe nommait *Cornélie Embrecht*. Dans cette procuration, Jean eft qualifié *plaetfnyder*, graveur fur métaux. M. de Burbure, malgré fes recherches fuivies, n'a pas pu parvenir à trouver la date de la mort de l'aîné des trois frères. On peut toutefois avancer avec certitude que cet artifte travaillait encore en 1615. Cette date fe rencontre fur une eftampe gravée & fignée par Jean, *Orphée charmant les bêtes fauvages*. Non-feulement il a daté fon ouvrage, il y a auffi gravé fon âge, 67 ans, en ajoutant à la fignature cette affirmation fignificative : *Tout ufé que je fuis, je n'ai pas tout oublié.*

Il nous donne par là le moyen de retrouver la date de fa naiffance, ce que d'ailleurs il avait pris foin de faire fur plufieurs copies d'après Albert Durer. Ainfi, fur les planches qui repréfentent *Adam & Ève*, & *la Nativité*, il fe donne 16 ans en 1566; fur *la Vierge couronnée d'étoiles*, 15 ans en 1565; fur *la Vierge couronnée par deux anges*, 14 ans en 1563; fur *Jéfus homme de douleurs*, 15 ans en 1564; fur *le Payfan & fa femme*, 17 ans en 1565.

Il femble, au premier abord, que ces indications fe contredifent; en effet, d'après la première & la feconde, Jean ferait né en 1550; d'après la troifième & la quatrième, en 1549; d'après la cinquième, en 1548, ce qui ferait d'accord avec la dernière pièce fignée & datée, l'*Orphée*. Mais ces contradictions difparaiffent ou s'expliquent si l'on confidère que les parents de Jean s'étant mariés au commencement du mois d'octobre 1548, on eft fondé à placer la naiffance de leur premier enfant vers le milieu de l'année fuivante. Dans ce cas, Jean n'aurait accompli fa 67e année qu'en juillet 1616; mais il a pu, en vue de faire valoir la vigueur qu'il avait confervée dans fa vieilleffe, fe donner 67 ans dès la fin de 1615, quand il a gravé l'*Orphée*. Pour un motif du même genre, afin de montrer la grande précocité de fon talent, il ne fe donna que 16 ans en 1566; il peut même avoir été fincère, s'il a gravé l'*Adam & Ève* avant la fin de juin.

D'après ces divers témoignages, je crois pouvoir, fans rifque de me tromper beaucoup, placer la naiffance de Jean Wierix dans la feconde moitié de l'année 1549.

La date de 1550, admife jufqu'ici, ne fe prête pas auffi bien à l'explication des dates gravées fur les planches; en effet, fi Jean eft né en 1550, il n'eft plus poffible de lui donner 17 ans en 1565 & 67 ans en 1615 (1).

Jérôme fut reçu, en 1572, en même temps que fon frère aîné, dans la corporation de Saint-Luc; il fut également difpensé des preuves d'apprentiffage, étant fils de maître. Il ne devait pas être beaucoup plus jeune que Jean. L'épitaphe confervée dans l'églife de Saint-Jacques, à Anvers, donne fon âge & la date de fa mort, 1619. Ce monument eft auffi très-explicite quant à fa nationalité; il le défigne comme étant anverfois. En voici le texte, tel qu'a bien voulu le tranfcrire pour moi M. Génard :

D. O. M.

SITVS HIC EST

HIERONIMO WIERCX ANTVERPIANVS

SCVLPTOR EGREGIVS

OBIIT A°. ÆTAT. LXVI KALENDIS NOV

A°. DNI. MDCXIX

REQUIÉSCAT IN PACE.

On peut, fans difficulté, admettre 1553 comme la date de la naiffance du fecond des trois frères, et cette date concorde avec les indications que cet artifte a infcrites fur les copies d'Albert Durer, exécutées dans fon enfance (2) & fignées I. R. W.

(1) Nagler fait naître Jean en 1548; c'eft évidemment trop tôt.

(2) Nagler, qui commence par donner à la naiffance de Jérôme la date de 1551, fe ravife & la fixe à 1549, en fe fondant fur une date qu'il dit avoir trouvée fur le premier état de la copie de *la Vierge à la muraille,* d'après Durer. Mais rien ne prouve que cette copie foit de Jérôme. Elle ne porte que Æ. 14. Si elle eft réellement datée de 1563, elle appartient à Jean.

Il ne fe maria qu'affez tard, en juin 1587; il avait alors 34 ans.

Un document judiciaire, découvert et publié par M. Al. Pinchart, eft venu révéler un incident de la jeuneffe, à ce qu'il paraît affez orageufe, de l'artifte, & offre une explication plaufible de fa préfence, ainfi que de celle de fon frère aîné, en Hollande, en 1578 & 1579. Voici, en fubftance, le fait raconté dans le tome II, à la page 2, des *Archives des fciences & lettres* :

Un jour, c'était vers la fin du mois d'octobre 1578, Jérôme, déjà excité par de copieufes libations, entra, en compagnie d'un autre bon vivant, dans la demeure d'un tonnelier, nommé Frédéric Van Hove, lequel fuppléait à l'infuffifance du produit de fa profeffion au moyen d'un débit de boiffon que dirigeait dame Claire, fa femme. Jérôme Wierix, en entrant, tenait en main deux aiglefins (*schelviffchen*), qu'il pria la maîtreffe du logis de lui apprêter, ce à quoi celle-ci confentit d'affez bonne grâce; mais lorsque, pour affaifonner fon repas, l'artifte demanda qu'on lui fervît un pot de bière, il reçut, pour toute réponfe, l'invitation de payer fes dettes anciennes avant d'en contracter de nouvelles. Humilié de cet affront dont fon camarade avait été témoin, Jérôme renverfa la marmite où cuifait fon poiffon, prit un boudin dans l'armoire & intima à l'hôteffe l'ordre de le faire griller fur le champ. Refus de la dame, infiftance du graveur, altercation, échange de gros mots dans lequel la langue féminine ne demeura pas en refte. Pouffé par cette réfiftance au dernier degré de l'exafpération, notre jeune étourdi fe faifit d'une pinte qu'il lança à la tête de fon antagonifte. A la vue du fang qui coulait avec abondance, les deux amis fe fauvèrent à toutes jambes. La police fe mêla de l'affaire, car Claire Van Hove mourut fix femaines après l'événement. Jérôme fut pourfuivi du chef d'homicide. Il doit même y avoir eu condamnation, puisque, par lettres patentes du 24 mars 1580, l'archiduc Mathias, gouverneur des Pays-Bas, lui fit grâce pleine & entière. Cet acte de clémence, dans la minute duquel M. Alexandre Pinchart a puisé les détails de la prévention, est motivé sur la circonstance atténuante de l'état d'ivresse dans lequel se trouvait l'imprudent jeune homme & aussi sur ce que le médecin, qui avait donné ses soins à la victime, déclarait que la mort de Claire n'avait pas été la conséquence nécessaire de la blessure.

Rien ne paraît établir que l'artiste ait subi, à cette occasion, une détention préventive. Il y a plutôt lieu de supposer qu'il se sera soustrait aux recherches & que c'est là la raison de son séjour & de celui de son frère aîné dans la ville hollandaise de Delft. C'est à l'époque de cette expatriation forcée, qu'il conviendrait de reporter l'exécution de certains travaux des deux frères, dont l'analyse se trouve au catalogue général. Il serait difficile, sans cela, de trouver une explication plausible des rapports qui ont existé entre Jérôme Wierix & les Anabaptistes encore fort nombreux alors en Hollande, mais qui avaient été depuis longtemps expulsés d'Anvers. La présence de Jean à Delft, dans le courant de l'année 1579, est attestée par la procuration dont il a été fait mention plus haut. Cette même date est gravée avec le monogramme de Jean sur toutes les pièces que Nicolas de Clerck a publiées, pour la seconde fois, à Delft en 1609, pour servir d'illustration au livre intitulé : *Const-Toonneel, inhoudende de beschrijvinghe*, &c. C'est aussi probablement à cette même époque que Jean a gravé, pour une édition clandestine & antidatée de l'ouvrage du célèbre prophète anabaptiste David Joris, les deux singulières compositions dont il est fait mention à la fin de la sixième classe.

D'après le regiſtre de la gilde, Jérôme Wierix a reçu comme élèves, en 1588-1589, Samuel Van Hoochſtraten & Jacques de Weert, graveurs.

La biographie d'Antoine eſt encore moins préciſe que celle de ſes frères. On ne connaît pas exactement la date de ſa naiſſance & l'on ne trouve, ſur aucune eſtampe ſignée de ſon prénom, l'indication d'un âge avec une date. On ne trouve pas ſon nom dans le regiſtre d'entrée de la corporation de Saint-Luc. Il épouſa, le 4 octobre 1590, dans l'égliſe cathédrale de Notre-Dame, à Anvers, *Catherine Van den Drieſſche*, dont il eut, entre autres enfants, quatre fils portés ſur le regiſtre des baptêmes des années 1591, 1592, 1594 & 1597. Quant à la date de ſa mort, on trouve dans les comptes de la gilde de Saint-Luc les frais de ſes obſèques en 1624.

Les rectifications qui précèdent paraîtront concluantes, du moins je l'eſpère. On ne manquera pas pourtant de ſe demander comment il ſe fait que tous les biographes ont été unanimes, juſqu'aujourd'hui, pour indiquer Amſterdam comme le lieu de naiſſance des trois Wierix. Je ne me charge pas de cette explication, mais il eſt probable que toutes ces autorités ſe bornent à une ſeule & que l'erreur, une fois commiſe, a été religieuſement copiée par tous les écrivains qui ont traité la même matière (1).

---

(1) Je dois aller au devant d'une objection qu'on pourrait tirer d'un travail récent de M. Edmond de Buſſcher.

Au tome IXᵐᵉ des *Annales de la ſociété royale des beaux-arts de Gand,* mon ſavant confrère a inſéré une notice ſur l'ouvrage de Luc de Heere, intitulé : *Le Théâtre de tous les peuples & nations de la terre.* Parlant, à ce propos, d'un autre ouvrage manuſcrit du même auteur, M. de Buſſcher reproduit un tableau chronologique des peintres-graveurs de l'école néerlandaiſe, dans lequel les trois frères Wierix figurent comme étant nés à Amſterdam, Jean en 1550, Jérôme en 1551

## II.

« Selon toute probabilité, les Wierix appartenaient à
» une famille de graveurs. Comment expliquer, fans cela,
» l'extrême précocité des deux aînés ? Il faut que, dès leur
» plus tendre enfance, ils aient eu le burin entre les doigts ;
» un père feul peut les avoir guidés dans la voie & leur
» avoir procuré tous les éléments matériels & intellectuels
» de leur travail & de leurs études. »

& Antoine en 1552. Luc de Heere étant contemporain des Wierix ( il
eft mort, à Paris, en 1584), fon autorité pourrait paraître décifive, fi en
effet on pouvait lui attribuer le tableau que reproduit M. de Buffcher.
Mais ce tableau n'eft pas du peintre poète du xvi<sup>e</sup> fiècle, il eft d'un
amateur du xix<sup>e</sup>, de M. Delbecq. Cet iconophile gantois avait rédigé
des notes qui ont été publiées dans l'*Alliance des arts*, à l'époque de
la vente de fa collection, on y lit ce qui fuit : *C'eft en feuilletant, à la
hâte, le petit in-folio manufcrit de Luc de Heere, que j'ai recueilli des
dates qui m'ont permis d'établir un tableau chronologique...* C'eft donc
bien M. Delbecq qui a établi le tableau chronologique. Il a feulement
puifé, dans le manufcrit de Luc de Heere, quelques dates qui lui
faifaient défaut. Quelles font ces dates ? Ce font probablement les plus
anciennes. Or, on trouve dans le tableau des dates de naiffance jufqu'à 1581 (Willem Swanenburg). Eft-il admiffible qu'un écrivain, mort
en 1584, ait fignalé parmi les artiftes illuftres un homme né en 1581 ?
Les vingt derniers noms du tableau de M. Delbecq appartiennent à
des artiftes nés poftérieurement en 1559 & qui ne pouvaient encore
avoir acquis leur célébrité à l'époque où l'on peut raifonnablement
placer la rédaction des poëmes biographiques de Luc de Heere. Les
Wierix eux-mêmes, bien que nés dans la période décennale précédente, ne jouiffaient pas encore d'une notoriété fuffifante pour juftifier
l'honneur que leur aurait fait le peintre poète.

Cette fuppofition, que j'avançais en 1860, est bien con-
firmée, puifqu'il eft aujourd'hui prouvé que le père de nos
artiftes était artifte lui-même, peintre à la vérité, mais pouvant avoir manié le burin.

Dès l'âge de douze ans, Jean et Jérôme produisent des
copies d'après les gravures d'Albert Durer; on voit qu'ils
ne s'attaquaient point aux moindres, & que l'inftituteur
qui les dirigeait favait choifir fes modèles avec difcerne-
ment & avec goût.

Jean exécute, à douze ans, la copie de l'eftampe l'*Homme
des douleurs*, du maître de Nurembourg, décrite par Bartfch
fous le n° 20; à quatorze ans, la *Vierge couronnée par
deux anges*, Bartfch, n° 39; à quinze ans, il reproduit,
avec une telle fidélité qu'on les prend pour des originaux,
la *Vierge à la couronne d'étoiles*, Bartfch, n° 31; le *Grand
cheval*, Bartfch, n° 97; le *Cavalier de la mort*, Bartfch,
n° 98. Cette dernière eft une des plus importantes compofitions d'Albert Durer, c'eft un chef-d'œuvre de gravure &,
fi fon jeune émule n'avait eu la confcience de figner & de
dater fa copie, celle-ci aurait pu tromper bien des amateurs. Ce que fon frère & lui ont eu la délicateffe de s'in-
terdire, plus d'un contrefacteur moderne a tenté de le faire
en effaçant la marque du copifte. Le même Jean a gravé,
à seize ans : *Adam & Ève*, Bartfch, n° 1; La *Nativité*,
Bartfch, n° 2; la *Vierge allaitant Jéfus*, Bartfch, n° 34; à
dix-fept ans, la *Vierge au finge*, Bartfch n° 42; les *Cinq
apôtres*, décrits par le même fous les n°s 46 à 50; le *Payfan
& fa femme*, Bartfch, n° 83, & le *Petit cheval*, Bartfch, n° 96.

Quatre autres pièces, copiées d'après Durer, portent
l'indication de l'âge de 12 ans; mais comme on n'y trouve
ni date ni monogramme, on ne fait auquel des trois frères
les attribuer; ce font les n°s 37, 55, 82 et 90 de Bartfch.

On connaît quatre copies d'après Albert Durer, exécu-

tées par Jérôme, à l'âge de 12 ans, ce font : La *Vierge
donnant le fein à l'enfant Jéfus*, Bartfch, n° 36 ; *saint
George à cheval*, Bartfch, n° 54 ; les *Trois génies*, Bartfch,
n° 66, et la *Famille du Satyre*, Bartfch, n° 69. A treize
ans, cet enfant copie une *Judith*, d'après *Hans Sébald
Beham*, Bartfch, n° 11, &, d'après Durer, *faint Jérôme
dans fa cellule*, Bartfch, n° 60, chef-d'œuvre d'exactitude
& de minutieufe perfection, & la *Juftice divine* (Néméfis?)
Bartfch, n° 79. Des quatre copies d'après Durer, fur lesquelles on trouve la marque Æ. 14, une feule peut recevoir
une attribution précife, c'eft celle que j'ai indiquée plus
haut comme étant de Jean. Les n°s 38, 40 (1) et 91 de
Bartfch ne portent ni date ni monogramme.

Eft-ce bien Jérôme qui a gravé les copies des n°s 24 &
25 de Bartfch, ainfi que l'indique Nagler? Rien ne prouve
pofitivement que cette attribution foit fondée, puifque ces
deux eftampes ne portent que la marque Æ. 15.

Quant on s'occupe des frères Wierix, la queftion d'attribution préfente quelque difficulté; on eft expofé à attribuer
à l'un l'ouvrage d'un des deux autres. Ainfi, les eftampes,
affez nombreufes, marquées du monogramme IH.W. ont
été confidérées comme de Jérôme par tous les iconographes,
à l'exception de Malpé, qui les donne à Jean. Ce dernier
feul a raifon; l'autre attribution eft erronée. Cette erreur
a induit Nagler à en commettre une autre, à favoir de
faire naître Jérôme en 1549, ce qui eft abfolument impof-
fible. J'ai fourni, à plufieurs articles de mon catalogue,
tous les éléments néceffaires pour réfoudre la queftion.
Les explications dans lefquelles je fuis entré, à propos des
diverfes fuites gravées par Jean en 1579, & publiées, pour

_____

(1) Nagler dit qu'il y a un premier état de cette copie portant la date
de 1563 ; je ne l'ai jamais rencontré.

la feconde fois, à Delft, par Nicolas De Clerck, en 1609, fuffiraient pour fonder la légitimité de ma rectification.

Le livre intitulé : *Humanæ salutis monumenta*, par Arias Montanus, en offre une preuve fubfidiaire : Jean & Jérôme ont concouru à l'illuftration de cet ouvrage, ils ont figné chacun d'un monogramme particulier les pièces confiées à leur burin. L'un fe fert de la marque IH. W., l'autre de la marque IR. W. Il eft facile de reconnaître deux artiftes différents dans ces travaux où l'originalité de chacun commence à fe montrer.

Le plan que j'ai fuivi dans ce catalogue permettrait de laiffer la queftion entière, puifque je n'ai pas fait une fection particulière de l'œuvre de chacun des trois frères. De cette façon, j'évite les erreurs de claffement qui réfulteraient des erreurs d'attribution. J'indique toujours avec la plus grande exactitude les monogrammes, les fignatures & les adreffes; libre à chacun de les interpréter à fa manière, & s'il arrivait que mes rectifications d'aujourd'hui fuffent, à leur tour, redreffées par des arguments acceptables, il n'y aurait rien à changer, pour cela, à l'ordre que j'ai adopté.


III.


Lorfqu'on fonge aux difpofitions naturelles que les Wierix apportaient en naiffant, aux preuves de talent qu'ils donnèrent dès l'âge le plus tendre, on fe prend à regretter que de telles facultés n'aient point été développées par des études plus fortes & fécondées par des influences plus élevées. Placés dans un autre milieu, fous la difcipline de maîtres tels que Raphaël ou Rubens, ces étonnants buriniftes ne feraient point demeurés en deffous de Marc-

Antoine Raimondi, de Vorſterman & de Pontius. Mais réduits à ſe faire les interprètes de peintres de deuxième ou de troiſième ordre (imitateurs, la plupart, des écoles d'Italie), tels que D. Calvart, Frans Floris, Gérard de Groningue, Martin van Heemskerk, Martin de Vos, Jean Stradan, B. Spranger, Otto Venius, Criſpin van den Broeck, Pierre van der Borcht & le romain Bernard Paſſero, ils ne purent atteindre à un idéal qu'ils ont à peine entrevu. Jean, il eſt vrai, grava le *Jugement dernier* de Michel-Ange, mais il donna des proportions microſcopiques aux peintures coloſſales de la chapelle Sixtine; il ſe borna d'ailleurs à copier l'eſtampe de Martin Rota. Ses frères & lui ont encore très-convenablement interprété quelques œuvres de grands maîtres italiens : un *Chriſt au tombeau*, d'après Raphaël; un *Saint Jérôme au déſert*, d'après Titien; une *Sainte famille*, d'après Lucas Cambiaſo; un *Chriſt en croix*, d'après Pompeus Aquilanus; la *Mort de ſaint François*, d'après Camille Percacino.

Quelques œuvres de notre vieille école ont été reproduites par leur burin; leur manière ſe prêtait particulièrement à l'interprétation de la penſée toujours naïve & du ſentiment concentré qui caraĉtériſent les produĉtions du moyen âge. Grâce aux frères Wierix, quelques compoſitions des Van Eyck, de Roger van der Weyden, de Quentin Metſys, de Jean Goſſaert, dit de Mabuſe, & de Pourbus, nous ont été conſervées. Ces ſpécimens, malheureuſement trop rares, font vivement regretter que l'uſage de graver les tableaux ne fût pas plus général à la fin du XVIᵉ ſiècle. C'eſt preſque toujours ſur des deſſins, & ſouvent d'après leur propre imagination, que les graveurs travaillaient à cette époque. Ils ſe bornaient auſſi parfois à traduire la penſée d'autrui, de quelque ſavant doĉteur en théologie.

Les Wierix n'ont point agi différemment. S'ils ſe ſont

montrés très-féconds, leur fécondité devient déplorable lorfque, fubiffant l'influence de quelque Mécène eccléfiaftique,
ils exploitent la veine du myfticifme & cultivent cette fleur
exotique & bizarre qui s'épanouit à l'ombre des cloîtres
efpagnols. C'eft dans leurs œuvres qu'on peut furtout étu-
dier l'influence des idées de piété étroite que les archiducs Albert & Ifabelle avaient importées de l'Efcurial en
Flandre. Le facré & le profane fe mêlent & fe confondent
dans ces inventions foi-difant religieufes; l'idéal célefte
s'y revêt des formes charnelles & les jouiffances du paradis
y font trop fenfuelles. Je ne citerai pour exemple que le
poëme du théologien efpagnol Arias Montanus : *De divinis
nuptiis*, illuftré en partie par Jean Wierix.

Toutefois, au milieu des logogriphes myftiques que les
RR. PP. de la compagnie de Jéfus vont puifer dans les
*Exercices fpirituels* de leur illuftre fondateur, il fe rencontre quelques conceptions ingénieufes, des penfées naturelles fe prêtant à de naïves peintures. Le génie flamand
fe déploie alors dans fa fraîche fimplicité. La légende inti-
tulée : *Jefu Chrifti Dei domini falvatoris noftri infantia*
eft de ce nombre. C'eft une page des évangiles apocryphes
interprétée par la peinture des mœurs flamandes du XVIᵉ fiècle. L'intérieur du ménage de Jofeph & de Marie y eft
repréfenté d'après nature, les modèles font les mêmes qui
ont pofé devant les Breughel & les Teniers.

Prefque toujours, les compofitions dans lesquelles Jéfus
enfant eft mis en fcène ont une grâce particulière qui fait
qu'on paffe fur l'étrangeté de certaines inventions. On ne
peut refufer une teinte poétique à une autre compofition,
*Cor Jefu amanti facrum*, où l'on voit l'Enfant-Dieu s'em-
parer d'un cœur, le laver de fes fouillures, l'orner comme
un temple, qu'il veut habiter, & enfin le couronner des
palmes de la gloire célefte.

Quant aux interprètes de ces penfées, à nos trois graveurs, ils y ont déployé une habileté des plus remarquables, toutes les qualités de leurs burins précieux. Jamais l'acier n'a léché le cuivre, fi je puis m'exprimer ainfi, avec autant de moelleufe douceur. Pour ce genre de compofition, leurs défauts difparaiffent : ils font en quelque forte une néceffité : l'exactitude minutieufe, la précifion, le fini font commandés par les dimenfions mêmes des images & le grand nombre d'objets qui doivent y figurer.


## IV.


Jufqu'au milieu du XVIIᵉ fiècle, la fabrication des images de piété a été, pour la Belgique, l'objet d'une induftrie confidérable dont la ville d'Anvers était le fiége. Elle occupait un très-grand nombre d'ouvriers, d'artifans & d'artiftes. C'eft dans cette pépinière que fe font développés les plus habiles graveurs qui furent les initiateurs du refte de l'Europe; témoins Corneille Cort, formant une école en Italie, & devenant le maître des Carraches, les Sadeler relevant l'art tombé très-bas dans la patrie d'Albert Durer, & enfin, Gérard Edelinck qui exerça une notable influence fur la brillante école françaife.

L'exportation d'images de fainteté que faifait la place d'Anvers, à l'époque où travaillaient les Wierix, était immenfe. L'Amérique efpagnole en était le grand débouché; mais le continent européen, la France, l'Efpagne, l'Italie elle-même, étaient nos tributaires. Un voyageur flamand, amateur & connaiffeur d'eftampes, vifitant l'Efpagne, reconnaiffait avec furprife, dans une grande partie des peintures religieufes qu'il y rencontrait, la reproduction de gravures belges.

Les Pères de la Compagnie de Jéfus fe font conftamment appliqués à propager les images de fainteté; c'était, dans leur penfée, un moyen efficace de combattre les progrès du proteftantifme. Les frères Wierix ont travaillé habituellement fous la direction & pour le compte des jéfuites; ils ne fe font pas cependant abftenus de traiter des fujets profanes; quelques-uns de ceux qu'on trouve décrits dans la VIIIᵉ claffe du catalogue général vont même jufqu'à la licence. Ces dernières eftampes, on le conçoit, font devenues les plus rares; elles n'ont été confervées que par les amateurs proprement dits, tandis que les autres, confiées à une foule de mains pieufes, & cachées entre les feuillets des livres de prière, font arrivées en grand nombre jufqu'à nous.

La claffe la plus nombreufe de l'œuvre eft la Vᵉ, celle des faints & des faintes : elle prend quatre cent foixante-deux numéros du catalogue général. La Xᵉ, celle des portraits, lui cède fous le rapport du nombre; elle lui eft toutefois fupérieure par l'importance & l'intérêt hiftorique.

Les frères Wierix ont fait le portrait de prefque tous les perfonnages illuftres de leur temps. La plupart font très-petits & d'un merveilleux fini. Jérôme cependant en a exécuté quelques-uns dans de très-grandes proportions, trop grandes pour les procédés habituels de fon burin. Les portraits d'Henri III, roi de France, & de Philippe II, roi d'Efpagne, font prefque comme nature. Ces gravures, fans doute furprenantes, au point de vue du travail mécanique, manquent abfolument d'effet pittorefque. L'artifte n'a point gardé de proportion entre fes tailles & les dimenfions de fa planche; il couvre un cuivre de plus d'un pied carré, comme s'il n'avait que quelques centimètres. C'eft un miniaturifte qui ufurpe une toile de Rubens ou un pan de mur deftiné à Michel-Ange.

Si l'on rapproche les ouvrages des Wierix de ceux de quelques-uns de leurs contemporains, tels que Corneille Cort, Henri Goltzius, & les Sadeler même, on eft frappé du contrafte que forment l'immobilité des premiers & le mouvement de progrès qui caractérife les autres. Les novateurs que je viens de nommer s'attachent, il eft vrai, plus particulièrement à reproduire par le burin les effets de coloris que les peintres obtiennent dans leurs tableaux. Ces maîtres opèrent la transformation de l'art de la gravure qui s'accomplit entièrement, à Anvers même, fous la puiffante impulfion de P.-P. Rubens. Mais nos trois frères, appliqués, dès l'enfance, à copier fervilement Albert Durer, quand ils étaient trop jeunes pour apercevoir, dans les beaux ouvrages du maître de Nuremberg, autre chofe que la perfection de fes procédés délicats, lui ont emprunté fes qualités matérielles, les ont fuivies mécaniquement, mais ils n'ont pas fait un pas hors de ce cercle étroit. Ils ont été les confervateurs de la tradition de l'ancienne gravure & font demeurés impaffibles au milieu du mouvement progreffif qui s'accompliffait autour d'eux. Arrivés après C. Cort, contemporains de Henri Goltzius, ce hardi promoteur des tailles larges & puiffantes, ils ne s'en tiennent pas moins aux hachures courtes, maigres & ferrées, ufitées au fiècle précédent & à l'origine de l'art du graveur. Ils ont manié le burin avec une adreffe fans pareille, mais leurs travaux n'ont que trop fouvent un afpect mefquin & une féchereffe qui leur ont été plus d'une fois reprochés. Nous aurions peut-être moins à les en blâmer, s'ils s'étaient appliqués uniquement à reproduire de pieufes images comme celles que nous a laiffées le pinceau de nos peintres primitifs, fi, rencontrant la même fortune que Raimondi, ils avaient confacré leur burin à rendre la correction & la grâce du deffin d'un Raphaël.

Comme deffinateurs, ils ont une remarquable correction qui frappe furtout dans la perfection des extrémités, des pieds & des mains, cet écueil de tant de maîtres. Leur ftyle n'a pas beaucoup d'élévation, mais leur conception du beau, particulièrement dans les formes de la figure humaine, de la femme furtout, eft plus pure affurément que celle de leur maître Durer. Doivent-ils cette fupériorité à la beauté des types anverfois qu'ils avaient fous les yeux? Ce qui eft inconteftable, c'eft que plufieurs de leurs vierges & de leurs faintes ont, dans la phyfionomie, une grâce naturelle & une diftinction auxquelles le peintre de Nuremberg ne les avait point accoutumés.

Je ne veux point furfaire leur mérite; mais je ne puis, avec quelques écrivains, commettre l'injuftice de les trop rabaiffer. Je conviens qu'il fe rencontre dans leurs œuvres beaucoup de pièces qui, fi elles étaient leurs feuls ouvrages, devraient faire ranger ces artiftes parmi les médiocrités; pour les juger équitablement, il faut avoir vu l'enfemble de leurs travaux, & de plus, il faut en avoir fous les yeux de bonnes épreuves; d'innombrables tirages ont ufé les planches de ces images, & les épreuves qu'on trouve communément dans le commerce ne donnent plus qu'une faible idée de ce qu'étaient les premiers états (1).

On confidère généralement Jérôme comme le plus habile des trois. Je comprends qu'on puiffe être de cet avis, furtout quand on attribue au fecond les gravures marquées IH. W., qui font l'œuvre de l'aîné des trois frères. A mon

_____

(1) Beaucoup d'épreuves ont été tirées en vue du coloriage qui, à cette époque, était très-ufité pour les images de fainteté; c'eft ce qui en explique la pâleur.

avis, c'eft Jean qui eft le plus véritablement artifte, celui qui a le plus d'originalité, le plus de ftyle. Jérôme & Antoine l'emportent fur lui pour le moelleux, le foyeux & le velouté, ces qualités que J. Waldor, leur élève, eft encore parvenu à exagérer jufqu'aux dernières limites. La perle du genre eft peut-être *Le Chrift mis au tombeau*, gravé par Jérôme, d'après Otto Venius.

V.

Ces graveurs fi féconds, qui ont produit tant de portraits, ont négligé de nous conferver leur propre image.

Les artiftes contemporains, leurs collaborateurs, les ont également oubliés. C'était donc une bonne fortune que la découverte, parmi leurs œuvres, d'une figure que l'on pût, avec quelque apparence de certitude, offrir aux amateurs pour les traits d'un des frères Wierix. Cette bonne fortune, je l'ai rencontrée non pas une fois, mais à deux reprifes. Les deux eftampes où cette reffemblance eft fixée font décrites dans la fixième claffe, parmi les fujets fymboliques & allégoriques. L'une de ces pièces, n° 1190, eft curieufe à bien des titres. On y voit, au milieu, la Mort qui frappe de fa lance une jeune femme fe livrant au plaifir de la danfe. Deux petits démons lilliputiens s'emparent de fon âme pendant qu'un jeune homme s'efforce de relever la danfeufe expirante. A droite, deux autres couples, fe faifant vis-à-vis, regardent avec effroi la fcène du milieu, tandis que quatre muficiens, affis à gauche, fufpendent le jeu de leurs inftruments. Sur le devant de l'eftampe, à une table, où reftent vides les places qu'ont occupées les danfeurs, font encore affis trois perfonnages ne paraiffant, en aucune façon, s'apercevoir de l'événement tragique qui fe paffe auprès d'eux. L'un des trois convives, une femme, eft affife au milieu, vue par le dos; les deux autres, un homme & une femme, fe font vis-à-vis, font vus de trois quarts & regardent le fpectateur. Un ange eft debout derrière la dame, un adolefcent derrière l'homme, qui doit être Jean Wierix, âgé de cinquante-trois ans. Il tient de la main droite une coupe qu'il s'apprête à vider, & de l'autre une eftampe, le portrait de la femme qui eft devant lui. On lit comme légende de cette fingulière compofition : MEDIO. LVSV. RISVQVE. RAPIMVR. ÆTERNVM. CRVCIANDI; & au-deffous le nom de Jean Wierix, avec la date 1602. Le graveur s'eft évidemment repréfenté dans cette eftampe, comme il eft arrivé fi fréquemment à des peintres de mettre leur portrait dans leurs tableaux.

L'autre eftampe, n⁰ 1128, où fe rencontre encore la figure de Jean Wierix, eft une forte d'*ex-voto*. On y voit quatre perfonnages, deux femmes & deux hommes, qui paraiffent les membres d'une même famille, agenouillés devant l'image du Saint Suaire, les deux femmes font à gauche; elles font vues par le dos & en profil perdu; l'un des deux hommes, le plus jeune, ne montre que fes épaules & le derrière de la tête, le fecond, qui eft dans l'angle, à droite, paraît moins occupé de la contemplation de la fainte image que du foin de faire voir fa propre figure qu'il préfente de trois quarts, le regard affuré & dirigé vers le fpectateur. Ces deux gravures ne font pas grandes, les têtes font de fort petite dimenfion, elles n'ont guère qu'un demi-centimètre de haut; mais elles font d'une netteté & d'une juftfeffe de deffin telles que, reproduites & confidérablement agrandies par les procédés photographiques, elles n'ont rien perdu de leurs exactes proportions. Les deux photographies font jointes au catalogue général.

Grâce à cette découverte, qui fe produit juftement lorfque la ville d'Anvers rentre en poffeffion de trois de fes enfants célèbres, le peintre chargé de retracer, fur les murs du Mufée, les traits de toutes les illuftrations nationales que comptent les arts, M. N. de Keyfer, a déjà pu affigner, dans cette apothéofe, la place légitime qui revient à l'aîné des trois Wierix; il y tiendra lieu de la famille entière, aucun portrait des deux autres frères n'ayant été découvert jufqu'ici.

## VI.

J'ai vu & mefuré toutes les eftampes décrites dans le catalogue de l'œuvre des Wierix, à l'exception de celle dont je ne donne pas les dimenfions en mefure métrique. Lorfqu'il s'agit de pièces que je n'ai pas vues, j'indique la fource où j'ai trouvé la defcription que je tranfcris.

Trois collections importantes ont été explorées par moi en vue de ce travail : d'abord celle de la Bibliothèque royale de Belgique; elle eft très-nombreufe & compofée, en majeure partie, d'épreuves qui ont appartenu à la maifon de la Compagnie de Jéfus, exiftant à Anvers du vivant des graveurs. Elle eft cependant moins complète que celle du cabinet des eftampes de Paris; au dire de Nagler, la collection de l'abbé des Maroles, qui en forme le premier fonds, comptait 1,170 numéros de ces maîtres. Enfin, les Wierix de S. A. S. le duc d'Arenberg, augmentés récemment de ceux de M. L. Geelhand, ont été à ma difpofition durant tout le cours de l'impreffion. Je ne dois pas oublier de mentionner les lumières que j'ai trouvées, pour la folutions de quelques difficultés, dans le favoir & le goût

fi fûr de M. Charles de Brou, le confervateur de la collection vraiment princière du Duc.

J'ai fait, en outre, le dépouillement d'un grand nombre
de catalogues anciens & modernes. Je fuis loin cependant
de croire que je n'ai rien oublié & que j'ai connu tous les
ouvrages dus aux burins de nos trois graveurs; mais j'ai
l'espoir que la publication de ce livre facilitera la découverte
des pièces qui n'y feraient pas mentionnées.

J'ai apporté un foin minutieux à mes defcriptions; ici
l'exactitude eft d'une rigoureufe néceffité, fi l'on veut que
l'amateur puiffe reconnaître non-feulement les divers états
d'une même planche, mais auffi les diverfes reproductions
d'une eftampe, copies prefque identiques & qui ne diffèrent
entre elles que par quelques menus détails pouvant échapper
au plus attentif. Ainfi, j'ai toujours indiqué dans quels
caractères font gravées les infcriptions, légendes, adreffes
& fignatures & j'en ai confervé l'orthographe lorfqu'elle eft
défectueufe.

Les Wierix ont écrit leur nom d'une foule de manières;
il fallait reproduire chaque fignature avec la plus fcrupu-
leufe fidélité. C'eft le feul moyen d'obtenir un jour la folu-
tion de quelques problèmes obfcurs que pofe encore à
l'iconographe l'exiftence de ces artiftes. J'avoue que, même
après l'examen fi attentif auquel je me fuis livré, je n'oferais
pas encore me prononcer fur certaines queftions.

Par exemple, je crois fermement que trois frères, portant
les prénoms de Jean, de Jérôme & d'Antoine, font nés du
mariage contracté à Anvers, au commencement du mois
d'octobre 1548, entre le peintre Antoine Wierix & Cornelie
Embrechts; il n'eft pas poffible de contefter l'authenticité
des actes fur lefquels ces faits s'appuient; mais rien ne
prouve qu'Antoine Wierix, le père, n'ait pas lui-même gravé.
Je ne ferais pas furpris fi nos archiviftes venaient à décou-

vrir quelque document établiſſant qu'il a exiſté auſſi deux Wierix portant le nom de Jérôme, l'oncle & le neveu ; que l'oncle, — le frère du peintre Antoine, — ſe ſerait expatrié, à l'époque des troubles occaſionnés par la réforme, & aurait habité la ville de Delft. D'après Carel van Mander, p. 280, édition de 1604, le peintre-graveur Mierevelt aurait appris l'art de la gravure, dès l'âge de 8 à 10 ans, chez un graveur que le peintre-hiſtorien flamand croit, ſans pouvoir l'affirmer, être Jérôme Wierix, qui ſe trouvait à Delft en 1578.

Quand on conſidère les diverses ſignatures inſcrites sur les ouvrages de Jérôme, on remarque que ſur les eſtampes des premières années du XVIIᵉ ſiècle, — celles particulièrement qui portent la mention du privilége, avec le contre-ſeing de *de Buſchere* ou de *Piermans*, — les adreſſes & les ſignatures ſont toujours tracées d'un caractère régulier & correct, & le prénom *Hieronymus* toujours invariablement écrit de la même manière, tandis que, dans les eſtampes qui appartiennent à la période la plus ancienne, il y a une extrême irrégularité dans l'orthographe, tant du prénom que du nom, & les caractères ſont infiniment moins bien formés. Jean, au contraire, a preſque toujours ſigné au moyen de lettres capitales, depuis ſes copies de Durer, en 1562, juſqu'à ſon *Orphée* de 1615.

On répond à cela que ce n'eſt pas le graveur, mais quelque ouvrier maladroit & illettré qui était chargé de graver les inſcriptions & les ſignatures. Que cette pratique ait été ſuivie quelquefois, je n'eſſaierai pas de le conteſter ; mais, pour ce qui concerne les Wierix, je vois plutôt la main de l'artiſte dans l'écriture mal formée, & je m'explique la régularité des inſcriptions, dans les derniers ouvrages de Jérôme & auſſi d'Antoine, par cette circonſtance que, à l'époque où ces eſtampes ont été gravées, les deux frères cadets étaient eux-mêmes les éditeurs de leurs planches, &

qu'ils confiaient à un apprenti, habile calligraphe, le foin
d'y mettre l'adreſſe & la fignature.


## VII.


Comme leurs contemporains, les Wierix ont uſé, le plus
fouvent, de la langue latine dans leurs infcriptions. Ils
emploient des expreſſions variées pour exprimer les divers
degrés de participation à l'œuvre. Veulent-ils dire qu'ils ont
gravé la planche, ils fe fervent des mots *fecit, fculpſit* ou
*fcalpſit*, ou encore *cœlavit*. Par les mots *invenit, com-
poſuit*, ils déſignent celui à qui eſt due l'invention du fujet ;
*figuravit* a une fignification plus reſtreinte, à ce qu'il paraît ;
cela veut dire que le deſſinateur a exécuté la penſée d'un
autre. Enfin, par l'expreſſion *excudit*, ils entendent, non pas
l'ouvrier qui a opéré le tirage, mais l'éditeur qui a mis les
eſtampes dans la circulation. Quelquefois, mais plus rare-
ment, ils fe fervent, pour indiquer cette dernière action,
du mot *divulgavit*.

De même que la propriété littéraire, la propriété artif-
tique s'obtenait à cette époque du bon plaifir du fouverain ;
elle était conſtatée par un acte d'octroi du privilége, rappelé
fouvent fur l'eſtampe, au moyen des mots : *Cum Gratia et
Privilegio*. Nous difons aujourd'hui *dépoſé*. Les gravures
des Wierix fe rencontrent très-fréquemment accompagnées
de cette formule : *Cum Gratia et Privilegio Bufchere*
ou *Piermans*.

Nagler eſt tombé, à ce propos, dans une fingulière erreur ;
il prend ces deux noms pour ceux de deux éditeurs qui fe

feraient fuccédé dans la propriété des planches; il va même jufqu'à défigner les éditions de Bufchere comme étant les meilleures, c'eft-à-dire, les plus anciennes de tirage. La vérité, c'eft que Joachim de Bufchere était le fecrétaire du confeil privé des archiducs & que Piermans en était le fecrétaire-adjoint. Ils fignaient, en leur qualité refpective, les octrois de priviléges royaux accordés par les fouverains des provinces belgiques. En 1602, Jérôme Wierix a gravé les armoiries de la famille de Bufchere, d'argent aux trois cornets, avec la devife : RAISON CONTENTE BVSCHER. En 1603, Jean grava le portrait du fecrétaire autour duquel on lit : IOACHIMVS DE BVSCHER SS. PP. ALBERT ET ISABEL ARCHID. AVST. IN CONSIL. A SECRETIS.

En redreffant cette erreur de Nagler, je ne prétends point rabaiffer le mérite de l'immenfe répertoire qu'il a publié fous le titre de : *Neues allgemeines Künftler-Lexicon;* je me plais, au contraire, à rendre hommage à ce travail confciencieux dans lequel j'ai moi-même largement puifé.

Les eftampes des Wierix, quand elles font en belles épreuves, font fort recherchées. Les portraits gravés par ces maîtres atteignent même de grands prix aux enchères publiques. Il s'en trouvait un affez bon nombre à la vente de la collection de feu M. le chevalier Camberlyn, laquelle a eu lieu à l'hôtel des Commiffaires prifeurs, rue Drouot, 5, à Paris, dans le cours du mois de novembre 1865. Je reproduis ici les prix de cette vente.

On rencontre fur les eftampes des Wierix un très-grand nombre de noms d'éditeurs; mais, à très-peu d'exception, tous ces noms appartiennent à des habitants d'Anvers, établis dans cette ville & y exerçant leur profeffion. Les Viffcher feuls font hollandais; Jean Nicolas, né à Amfterdam en 1550, habitait ladite ville; Jean Corneille était établi à Harlem. On ne trouve leurs noms que fur des tirages de deuxième ou de troifième état. Quant à Henri Hondius, dont on trouve la marque fur quelques fujets fatyriques fignés IH. W. & avec la date de 1568, ce ne peut être la même perfonne que l'éditeur établi à Amfterdam, beaucoup plus tard, & qui était né à Duffel (province d'Anvers) en 1573. Si cependant la marque *Hh*, qu'on trouve fur les pièces datées de 1568, était bien en effet celle de l'éditeur d'Amfterdam, il en réfulterait que ce tirage ferait féparé de celui des premiers états par un intervalle très-long.

Quelques rares eftampes portent le nom de Nicolas de Mathonière, éditeur parifien; d'autres celui de Fierens & de Bonfenfants, Belges établis à Paris. Enfin, il y a un italien, L. Guidotti.

Lorfque je n'ai d'autre autorité, pour établir l'attribution d'une eftampe à un Wierix, que fon claffement dans l'œuvre des trois frères au cabinet de Paris, j'indique le volume, le folio & le n⁰ de la Bibliothèque impériale.

Les expreffions de *droite* & de *gauche*, employées dans les defcriptions, fe rapportent à la perfonne qui regarde l'eftampe. Par ces mots : *dans la marge*, j'ai entendu celle d'en bas.

Les dimenfions des morceaux que j'indique font fournies par les mefures prifes fur le trait carré de chaque pièce, à moins que je ne défigne les dimenfions de la planche même. Les amateurs favent que les dimenfions d'une même pièce peuvent varier de plufieurs millimètres, fuivant que le papier était plus ou moins mouillé lors du tirage. Quand je ne donne pas les dimenfions, c'eft que je n'ai pas eu l'eftampe entre les mains.

Il arrive quelquefois que je fuis obligé de dire d'une pièce qu'elle eft rognée; il doit être entendu que je parle de l'unique épreuve qu'il m'a été poffible de mefurer. L'amateur eft prévenu, par là, qu'il ne doit point s'en tenir à ma mefure s'il rencontre une épreuve intaĉte.

# CATALOGUE

*raifonné*

DES PORTRAITS GRAVÉS PAR LES TROIS FRÈRES

JEAN, JÉROME & ANTOINE WIERIX.

---

I. DESCRIPTION DES COLLECTIONS.

a) *Les artiftes des Pays-Bas.*

On donne ici la dénomination de *collection de Lamp-fonius* à une fuite de 23 portraits de peintres appartenant à l'école des Pays-Bas, recueillis & gravés par les foins de Jérôme Cock, peintre-graveur & marchand d'images, à l'enfeigne des Quatre-Vents, à Anvers. Ces portraits n'ont été publiés qu'après fa mort par fa veuve. Dominique Lamp-fonius, de Bruges, a compofé, pour chaque portrait, une épigraphe en vers latins. Le volume de la première édition commence par une élégie, de quinze diftiques, adreffée aux mânes de Jérôme Cock. Voici le titre de cette édition qui eft devenue d'une extrême rareté. Elle ne porte point de date; une note, inferite par van Hulthem fur l'exemplaire de fa bibliothèque, fixe celle de 1572.

PICTORVM ALIQVOT CELEBRIVM GERMANIÆ INFE-RIORIS EFFIGIES. *Eorum nempé qui vita fundi hac præf-tantiff. arte immortalitatis nomen fibi compararunt. Vnà cum Doctiff.* Dom. Lampfonij cuius artis peritiffimi Elo-gijs. ANTVERPIÆ Sub interfignio Quatuor Ventorum.

Huit de ces portraits, à favoir ceux qui portent les nᵒˢ 9, 11, 15, 16, 20, 21, 22 & 23, font fignés IH. W.; le nᵒ 18 eft figné W. I. Quant aux autres, on ne peut avec certitude les attribuer à un graveur déterminé. Ils pourraient être de Jérôme Cock, ils pourraient auffi être d'un Wierix. Le portrait de Lambert Lombart eft figné W. I. Serait-il de Jean Waldor le Vieux?

Il y a eu un grand nombre d'éditions & de nombreufes copies de ces portraits.

*Première édition.* Sans adreffe, fans autres fignatures que celles qui ont été indiquées ci-deffus. Les artiftes y font rangés dans l'ordre fuivant : 1. Hubert van Eyck; 2. Jean van Eyck; 3. Jérôme Bofch; 4. Roger de Bruxelles (van der Weyden); 5. Theodore d'Harlem (Thierry Bouts, improprement nommé Stuerbout); 6. Bernard van Orley; 7. Jean de Mabufe; 8. Joachim le Dinantais (Patenier); 9. Quentin Metfys; 10. Luc de Leyde; 11. Jean Hollander; 12. Jufte van Cleef; 13. Mathias Cock, frère de Jérôme; 14. Henri Bles; 15. Jean Vermeyen; 16. Pierre Coeck; 17. Jean Schorel; 18. Lambert Lombart; 19. Pierre de Bruegel; 20. Guillaume Key; 21. Lucas Gaffel; 22. Frans Floris; 23. Jérôme Cock.

*Deuxième édition.* On a gravé, au-deffus de la tête de chaque peintre, la date & le lieu de fa mort. Comme dans la première, les vers font gravés fur la planche même en un caractère italique de forme affez arrondie.

*Troifième édition.* Comme la deuxième, plus l'adreffe : *Adrien Collaert excud.* dans le champ de l'eftampe.

*Quatrième édition.* Comme la précédente, mais avec l'adreffe : *Theodore Galle excud.* & *Dominicus Lampfonius* fous les vers. Le chiffre 2 a la forme d'un Z dans les trois premières éditions.

*Cinquième édition.* L'adreffe & l'*obiit* ont été fupprimés. L'infcription, au lieu d'être gravée fur la planche même, eft imprimée en caractères mobiles, italiques, plus forts & plus allongés que dans les précédentes. L'ordre des numéros eft interverti entre 3 & 4. Aux nᵒˢ 5 & 6 il y a confufion : le

nom de Bernard, de Bruxelles (van Orley), eſt fous le portrait de Bouts & vice-verſa.

Nagler indique ces 23 portraits fous le n° 36 de l'œuvre
de Jérôme.

### b) *Les rois, princes & capitaines illuſtres.*

On a également fondu dans le catalogue alphabétique
les perſonnages reproduits dans cette collection; on les y
retrouvera reſpectivement à la lettre de leur nom. Cette
collection formée de quinze portraits, dans un double trait
ovale, avec légende en exergue, comprend les empereurs
Rodolphe II & Sigiſmond III. Les rois Henri de Bourbon, roi de Navarre, Henri III, de France, Louis de
Hongrie & Philippe II, d'Eſpagne; les princes Louis de
Bourbon Condé, Henri de Lorraine, duc de Guiſe, Charles,
duc du Maine, Charles, fils du duc de Guiſe, Alexandre
Farnèſe, duc de Parme, Guillaume d'Orange, le Taciturne; les amiraux Gaſpar de Coligny & François Draecht
(Drake), & enfin Robert Dudley, comte de Leiceſter. Ces
eſtampes font ſignées en bas, fous l'ovale, *Hieronymus* à
gauche & *Wierx fecit* à droite.

### c) *Les généraux de la Compagnie de Jéſus.*

Suite de 5 portraits ayant un titre, dans le genre de faint
Ignace de Loyola; on y lit : EFFIGIES PRÆPOSITORVM
GENERALIVM SOCIETATIS IESV, &, dans un petit car-
touche, en bas : *Hieronymus Wierx fecit et excudit Cum
Gratia et Priuilegio. Piermans.* On trouve dans cette fuite :
I. Ignace de Loyola; II. Jacques Laynez; III. François
Borgia ou Boria; IV. Everard Mercurialis & V. Clavde
Aqva-Viva. On a placé chaque perſonnage au rang de la
lettre initiale de fon nom.

II. PORTRAITS RANGÉS PAR ORDRE ALPHABÉTIQUE (1).

# A.

1 ALBERT, archiduc d'Autriche, neveu puis gendre de
Philippe II, né à Neuſtadt le 15 novembre 1559,
mort à Bruxelles le 15 juillet 1621. Souverain des
Pays-Bas catholiques, cardinal à dix-huit ans, relevé
de ſes vœux pour épouſer l'infante Iſabelle.

    Il eſt repréſenté dans cette eſtampe en habit de
cardinal & coiffé de la barette. Il eſt en buſte, vu
de trois quarts, tourné à gauche. Le fond eſt orné
d'une tapiſſerie à grandes fleurs. Armoiries en haut,
à droite. Cinq lignes dans la marge : ALBERTVS
D. G. ARCHIDVX, S. ROM. ECCLESLÆ Sᴿ CRVCIS...;
au-deſſous, au milieu : *Anton. Wierx fecit et excud.*
Epreuve rognée. H. 0,215; l. 0,145 (N., 4).

    Vendu 26 fr. à la vente de la collection du chevalier Cam-
berlyn.

2 Le même perſonnage, même coſtume. Buſte vu de
trois quarts, tourné à droite. Sous une arcade cin-
trée, armoiries en clef de voûte. Deux figures aux
angles. Le fond eſt blanc. On lit dans la marge :
ALBERTVS DEI GRATIA ARCHIDVX S. ROM. ECCLE-
SIÆ. T. T. S. CRVCIS IN HIERVSALEM..., cinq lignes.
*Anton. Wierx fecit et excud.* H. 0,224; 0,160 (N., 3).

3 Le même perſonnage, même coſtume. Buſte dans un
ovale accompagné : en haut, d'un écuſſon d'armes
avec la deviſe *Deus ab Auſtro;* à droite & à gauche, de palmes, de lauriers & de couronnes de roſes;
en bas, des plans des villes de Calais, Hulſt &
Ardres. Il eſt en habit de cardinal, coiffé de la barette, regardant en avant & tourné à gauche. Autour

---

(1) La Xᵉ claſſe du catalogue général commence au nᵒ 1831.

de l'ovale, en exergue, on lit : ALBERTVS CARD.
ARCHIEP. TOLET. ARCHIDVX AVSTRIÆ BELGICAR.
PROVINCIAR. GVBERN. Dans la marge d'en bas le
chronogramme :

> ALbertVs regIt, noſtrI pVgnant, MarIa IVVat.
> DeVs eXpVgnat HoſtIs perIt.

Sans ſignature ni adreſſe. H. 0,094; l. 0,073.

> N. B. Cette eſtampe eſt imprimée en deux planches, une
> pour le milieu de forme ovale, l'autre ſervant de paſſe-partout.
> Dimenſions de l'ovale : H. 0,055; l. 0,042. On trouve la pièce
> du milieu ſans l'encadrement.

4  Il y a une copie en contre-partie auſſi ſans adreſſe &
ſans ſignature & ſans l'accompagnement du paſſe-
partout. L'inſcription en exergue eſt modifiée; on y
lit : SERENISS. ALBERTVS CARD. BELGII GVBER-
NATOR. H. 0,055; l. 0,043.

5  Le même perſonnage. Buſte dans un ovale, autour
duquel on lit : ALBERTVS D. G. ARCH.-DVX AVST.
BVRG. BRAB. COM. FLAND. &a. ANNO 1600. Il eſt
vêtu d'une riche armure avec la toiſon d'or. Il a la
tête nue & porte une large fraiſe. On lit dans la
marge, en bas, deux diſtiques :

> Inachides en alter ero, qui vindice dextra
>     Liberet Andromedam, monſtraque figat humo
> Si qua trophæa manent victorem Perſia. Et Hydram
>     Sternere Batavam gloria major erit.

& au-deſſous : IOHAN.WIRICX SCVLPSIT ET EXCVD.
H. 0,160; l. 0,120 (N., 12).

> Il y a deux états : 1º avant les points à jour au bord de la
> fraiſe ; 2º avec un deſſin de points à jour ſur la fraiſe.

6  Le même perſonnage. Buſte tourné un peu à droite,
tête nue, regardant en face. Cadre interrompu par
le haut. Tout à l'entour, ſur la bande de l'encadrement, on lit : ALBERTVS DEI GRATIA ARCHIDVX

AVSTRIÆ, DVX BVRGVNDIÆ, BRABANTIÆ, COMES
FLANDRIÆ, &c. Dans la marge deux diſtiques :

> Auſtria quem genuit, cui junxit Iberia tedas,
> Quem tellus meruit Belgica habere ducem.
> Ore, Fide, Fama, non degener, arduus, ingens,
> Explicat, ornat agit, ſtemmata, Pæta, Metus.

*Hieronymus Wierx fecit et excud.* H. 0,093 ;
l. 0,065 (N., 6).

7 Le même perſonnage. Buſte dans un ovale; fraiſe,
petit manteau, toison d'or, chapeau avec une plume
ſur le devant. Il eſt vu de trois quarts, tourné à
droite. On lit en exergue dans la partie ſupérieure
de l'ovale : SERENISS. ALBERTVS ARCHID. BELGII.
L'épreuve eſt déchirée après ces mots, elle eſt
très-rognée. On n'y voit ni ſignature, ni adreſſe.
H. 0,054 ; l. 0.42.

8 Le même perſonnage. Buſte dans un ovale, les coins
ſont occupés par quatre figures allégoriques. De
trois quarts, tourné à droite, chapeau pointu, plume
& aigrette ſur le côté, toiſon d'or avec le collier,
fraiſe, manteau. On lit autour de l'ovale : ALBERTVS
DEI GRATIA ARCHIDVX AVSTRIÆ DVX BVRGVND.
BRABANT. COM. FLAND, ETC... Dans la marge
deux diſtiques :

> Auſtriadum, ô ALBERTE, decus, qui gentis avitos
> Tranſiſti titulos, arma, togamque gerens :
> BELGICA civili nimium quaſſata tumultu
> Te rogat, optatæ tempora Pacis cant.

& au-deſſous : *Anton. Wierx fecit.* H. 0,135 ;
l. 0,090.

Vendu 36 fr. à la vente Camberlyn.

On trouve auſſi ce portrait encadré dans un paſſe-partout,
— frontiſpice compoſé de quatre colonnes d'ordre corin-
thien ſupportant un entablement & une corniche. — En

haut, un empereur romain aſſis auquel un perſonnage,
venant de la gauche, offre un globe; derrière l'empereur,
la Victoire qui tient une palme & qui le couronne; à droite
& à gauche, trophées; dans le ſoubaſſement, une autre
compoſition où ſont figurées l'Europe, l'Aſie & l'Afrique.
On lit ſur les baſes des colonnes, à gauche : OB CIVIS SER-
VATOS (ſic) & à droite : PAX ORBIS TERRARVM. H. o,280;
l. o,200.

On voit que ce paſſe-partout n'a pas été fait pour cette
eſtampe. Car la planche à laquelle il ſert de cadre excède
par le haut & par le bas, l'ouverture ménagée pour le ſujet
central, tandis que, étant moins large, elle laiſſe apercevoir,
de chaque côté, la bordure du cadre primitif. Les compoſitions du paſſe-partout rappellent le ſtyle du peintre Frans
Floris; la gravure ne paraît pas d'un Wierix.

9   Le même perſonnage. Buſte dans un double trait
carré, vu de trois quarts, tourné à droite, grande
fraiſe, toiſon d'or, chapeau en pointe avec une
plume & une aigrette ſur le devant. On lit dans la
marge : ALBERTVS D. G. *Archidux Auſtriæ, dux
Burgundiæ, Brab. com. fland.*, &c.—*Anton. Wierx
fecit.* H. o,083; l. o,058.

    Vendu 33 fr. à la vente Camberlyn.

10   ALBRET (Jeanne d'), reine de Navarre. M. Robert
Dumeſnil, au tome V du peintre-graveur français,
article Marc Duval, page 56, s'exprime en ces termes : « Le portrait de Jeanne d'Albret, reine de
Navarre, a été copié par Jérôme Wierix qui n'y a
mis que ſon monogramme; il a diſſimulé le larcin
qu'il laiſait en ne citant pas Duval. »

11   ALENÇON (le duc d'). On lit dans les *Portraits des
perſonnages français les plus illuſtres du* XVIe *ſiècle*,
de P.-G.-J. Niel. « Le duc d'Alençon, figure en
buſte dans une bordure ovale, entourée aux quatre

coins d'ornements fleuronnés; il eft vu de face, il
porte une cuiraffe & une écharpe. Le nez, remarquable par fon développement, eft parfemé de
marques de petite vérole ou de piqûres. Dans cette
bordure fe trouvent les mots : *Francifcus Francorum regis frater unicus.* Dei gratia dux Brabantiæ,
Belgii Princeps 1582. Cette fine gravure eft exécutée
par Wierix. »

12 ANDRÉ D'AUTRICHE, né à Prague le 14 mai 1558,
lieutenant-gouverneur & capitaine général des Pays-
Bas pendant l'abfence de l'archiduc Albert (1598-1599),
cardinal du titre de fainte Marie nouvelle. Beau
portrait, vu plus qu'à mi-corps, de trois quarts,
tourné à droite; coftume de cardinal, avec barette.
Il tient de la main droite un bâton de commandant
& de la gauche un mouchoir. Le fond offre un payfage montueux avec une vue de ville. Baluftrade
derrière le perfonnage. Double draperie en haut. En
bas, infcription en quatre lignes : ANDREAS DEI ET
APLICÆ... GVBERNATOR, &, plus bas : ÆTATIS SVÆ
XXXXIX ANNO SALVTIS HVMANÆ M.D.LXXXXVIIII
(1599). CVM GRATIA ET PRIVILEGIO REGIS; & fur
la bordure : JOHAN WIRICX SCVLPSIT ET EXCVD.
H. 0,198 ; l. 0,140.

13 Le même perfonnage. Bufte fans mains, dans un
ovale, de trois quarts, tourné à gauche, coiffé de la
barette. Légende autour du cadre : SERENISS. AN-
DREAS CARD. AB AVSTRIA ET BELGII GVBER., &c.
Sans nom de graveur. H. 0,056 ; l. 0,048.

> Cette pièce eft une copie en contre-partie de la tête du
> portrait qui précède. Attribuée à Antoine & vendue 15 fr. à la
> vente Camberlyn.

14 ANNE DE JÉSUS (la vénérable mère). En adoration
devant le Saint-Sacrement. Elle eft placée à gauche,
tient un cœur enflammé entre les mains. On lit

dans la marge d'en haut : *Quid mihi eft in cœlo...*
Sur un philactère fortant de la bouche de la bien-
heureufe : *Accipe cor meum...* Dans la marge d'en
bas, en cinq lignes : *La Venerable M° Ana de* Jesvs
*compañera de S<sup>ta</sup> Terefa, y muy recida en fus
heroicas virtudes, Fundadora de Francia, y Flan-
des, tubo fingular prudencia, viua Fe, firma efpe-
rança, encendida caridad, tubo vifitationes divinas
en la oracion, y obro Dios por fu medio muchos
milagros en fu vida, y aora defpues de fu dichofo
tranfito los obra muy infignes. Viuio en la Religion
51. anôs, pafo defta vida ala eterna de 78 en Bru-
felas a 4 de março Ano* 1621, &, plus bas : *Anton.
Wierx fecit.* H. 0,151; l. 0,110 (N., 93).

15  Le même portrait. Même defcription que la pièce
précédente. La marge d'en bas contient le même
texte en fix lignes. A droite, fur la marche de l'autel,
le chiffre d'Antoine Wierix (ANT.) W. *fecit.* H. 0,129;
l. 0,080.

On trouve cette pièce avant toute lettre.

Anne (reine d'Angleterre). Voyez Jacques.

ANONYMES.

16  « Une femme richement habillée affife dans un fauteuil, vue jufqu'aux genoux, tournée à gauche, tenant fon gant dans la main. Sur le fauteuil eft écrite
la date 1579, &, au-deffus : *Spaert, Heere, u volk.*
Dans l'exemplaire, à nous connu, le bord laiffé pour
l'infcription était vide. Belle pièce in-4°. » Nagler,
œuvre de Jérôme n° 34.

17  Un perfonnage debout à l'entrée d'une églife dont
on aperçoit, derrière lui, la nef principale en per-
fpective. On voit auffi une horloge & un tableau à
volets. Sans fignature ni adreffe. H. 0,080; l. 0,070.
(Paris, EC. 71, f° 40.)

5

18  Un militaire. Il eft debout, vu jufqu'aux hanhces, de trois quarts, tourné à droite. Pourpoint de foie, le bras droit libre, le gauche fous les plis du manteau. Les deux mains font vifibles & fermées. A droite, un drapeau appuyé contre un mur. Dans le coin en haut, à gauche, un écuffon fur lequel on voit un chiffre formé des lettres D. C. E. N. A. P. O. H. Sans autre infcription, fignature ni adreffe. Marge entièrement rognée. H. 0,129; l. 0,100.

19  Au n° 33 de l'œuvre de Jérôme, Nagler cite un portrait à mi-corps d'un homme avec mouftaches. Devant lui, fur une table, un cercle, une équerre & un laurier. Sans infcription.

20  Un jeune homme debout au milieu de la campagne. On voit fur la planche un écuffon portant une gerbe, un croiffant, une grenouille (?) & trois perdreaux. Sans fignature ni adreffe. H. 0,210 ; l. 0,120. (Paris, EC. 71, f° 46.)

21  Bufte de trois quarts, tourné à droite, tête nue, large hauffe-col. Armorié. Pièce ronde avant l'infcription du nom du perfonnage (note manufcrite de Mariette, 1666). Johan. Wirix fculpfit 1592. (Paris, Supplément.) Diam. 0,081.

22  Portrait d'une femme âgée, vue de trois quarts, tournée à gauche d'où vient le jour. Elle eft richement vêtue. Paletot à manches étroites, forte de gilet boutonné fur le devant, coiffure évafée à la Marie-Stuart. Grande fraife à gros plis; un boa en peau de fouine, dont on diftingue la tête, les pattes & la queue, eft autour de fon cou; elle tient des gants de la main droite & une perruche eft perchée fur la main gauche. Sans fignature, ni adreffe, ni infcription. La planche n'eft pas terminée; des par-

ties du fond, à droite, font reſtées blanches. La
main qui tient les gants prend ſur la marge. Travail
très-délicat dans le goût de H. Goltzius. H. 0,120 ;
l. 0,100.

23  Indiqué au nº 65ıı du Catalogue de 7000 portraits
de M. F. Muller, libraire à Amſterdam. « Buſte à
droite d'un homme de diſtinction, habits ſimples
quoiqu'un peu brodés, collet large, plat, s'élevant
très-haut, chevelure élevée, bien arrangée, en ovale.
A droite, un écuſſon avec un oiſeau volant, en cimier
5, 4, 3 & 2 petits cubes entremêlés. Par Jean Wierix
*a.* 1600. Epreuve avant l'inſcription, au dos le
nom de P. Mariette. »

24  Indiqué au nº 65ı3 du même Catalogue.« Un homme
d'un âge avancé, debout, tourné à droite, la main
droite appuyée ſur le côté, avec une barbe friſée &
diviſée en deux ; petite fraiſe autour du cou, juſte
au corps épais, doublé de fourrure. Deux lignes
d'inſcriptions : *Wilt nu raen en verſlaen miin*
*ſoon,* &c. ıſl. W., in-4º, ſans aucun nom. »

   On le trouve auſſi mentionné au tome Iᵉʳ,
page 572, du catalogue de la collection de M. Brandes, par Huber.

25  Indiqué au Catalogue Muller, nº 65ı2. « Par (Wierix ?)
Un homme, vu à mi-corps, tourné à gauche, aſſis
devant une table, habit ſimple & uni, chaîne d'or
lourde, un livre dans la main gauche ; de la droite
il montre un écuſſon derrière lui à droite ; cet
écuſſon renferme une étoile à cinq rayons avec l'inſcription : *Mens incluſa cælo.* A gauche, un écuſſon
avec trois étoiles. Sans ſignature ni adreſſe. »

26  AQVANVS (Corneille), ſavant antiquaire, né à Leyde,
en 1514. Buſte vu de profil. Près d'une table ſur
laquelle on voit trois médailles, la date : *Anno* 1578

& la marque IH. W. Il eſt coiffé d'une toque ſous laquelle on aperçoit le bord d'une calotte de velours; il tient dans chaque main une médaille. Ses armoiries, trois poiſſons en champ d'argent, ſont à gauche en haut. Dans la marge, encadrée de la même bordure que l'eſtampe, le nom du perſonnage : CORNELIVS - AQVANVS - ANTIQVARIVS. ÆTA. 64. Suivi des quatre diſtiques :

> Hiccine Aquanus? is eſt : et poſſis credere vivum
>> Dimidia expreſſus hic niſi parte foret.
> In nutricatu Muſarum eductus Aquanus,
>> Robore vir, juvenis pectore, crine ſenex.
> Ille cui tantum Res Antiquaria debet,
>> Hauteno quantum Belgica Calliope.
> Quo mihi ad Auſoniæ proficiſci rudera, Romam
>> Dum mihi, Aquane, domi ſit reperire tuæ?

Il y a deux états de cette planche : 1º ſans les armoiries; 2º celui décrit ci-deſſus. H. 0,225; l. 0,122.

Vendu fr. 5-5o à la vente Camberlyn.

27 AQUAVIVA (Claude). Buſte de trois quarts, tourné à gauche, regardant en face. Il tient un livre de la main gauche & un chapelet de la droite. On lit dans la marge : CLAVDIVS AQVA - VIVA NEAPOLIT. V. *generalis præpoſitus ſocietatis* IESV, *quam* 34 *annos feliciter rexit, Religioſa morum comitate atque induſtria. Quieſcit in Dom. an.* 1613. 31 *Januar ætat* 74.—*Hieronymus Wierx fecit et excudit. Cum cum Gratia et Priuilegio. Piermans.* H. 0,120; l. 0,071 (N., 26).

Vendu 18 fr. à la vente Camberlyn.

28 ASSONVILLE (D'), Chriſtophorvs ab Affonvilla, *regis catholici conſiliarius anno* 1591. Dans un cartouche, en bas, on lit la deviſe : SVIVEZ DIEV. *Joan.* W. H. 0,146; l. 0,110.

# B.

29  BAEN (Houdt de) (1), de Malines. Portrait très-rare.
Le perfonnage eft vu de trois quarts, tourné à
droite; fes armoiries font gravées de ce même côté,
en haut; à gauche, ÆT. 37; plus bas, du même
côté, III. W. Dans un petit cartouche au-deffous :
HOVDT DE BAEN VAN MECHELEN. 1573. H. 0,122;
l. 0,092.

> Il y a un état poftérieur dans lequel la date eft changée
> en 1576.
> Vendu 25 fr. à la vente Camberlyn.

30  BALZAC D'ENTRAGUES (Henriette de), marquife de
Verneuil, maîtreffe d'Henri IV, roi de France. Ce
portrait eft accompagné dans la marge des quatre
vers fuivants :

> *Tout le beau des beautés des empyriques Dieux*
> *Tout l'honorable port, toute la grace exquize*
> *Des aultres deites font ici comme es cieux*
> *Dans l'admirable efprit de cette alme marquize.*

*Hieronymus Wierx fculpfit in feptembri anno 1600.
Avec privilège du roi. Harman Adolfz excudebat
Haerlemenfis.* H. 0,340; l. 0,245 (N., 19).

> Nagler, au n° 17 de l'œuvre de Jean, indique un portrait de
> la comteffe de Verneuil d'après F. Clouet, pendant du portrait
> de Henri IV, de Goltzius, & probablement la copie de la
> grande pièce de Jérôme Wierix, in-4°.

31  BECANUS (Goropius), favant belge, médecin, antiquaire, &c., né en 1518, mort en 1572. Vu prefque

(1) Ce portrait eft indiqué de cette manière au catalogue de la
collection Camberlyn. Eft-ce bien là un nom de famille? N'eft-ce pas
plutôt une devife ou un cri de guerre? Les recherches pour découvrir
le perfonnage ont été jufqu'ici fans réfultat, malgré les armoiries; c'eft
un problème à réfoudre par les invefligateurs de la localité.

jufqu'aux genoux. Il tient dans la main droite un
cercle de métal ; il a la gauche pofée fur une tête de
mort. On lit, en haut, dans le champ de l'eftampe :
JOANNIS GOROPII BECANI EFFIGIES. On lit IH. W.
fur le focle où pofe la tête de mort. H. 0,250 ;
l. 0,170 (N., 24).

Ce portrait fe trouve en tête de l'édition plantinienne in-
folio des œuvres du favant belge, Anvers 1580, fur la feuille
qui fuit le titre. Au verfo l'épitaphe. Il y a des exemplaires de
la même édition qui n'ont pas le portrait gravé par Wierix.
Dans cet état, le recto du feuillet eft occupé, en haut, par une
ligne imprimée en capitales : IOAN. GOROPII BECANI EFFIGIES,
&, en bas, par quatre vers latins fignés B. Arias Montanus.
Ces vers font en italiques :

> *Vidi ego jurare et Belgas, Becane, tuis non*
> *Quemquam inter Belgas artibus effe parem*
> *Hoc fatis eft ipfe haud dicam quæ fentio nam mi*
> *Te quod amo, inuidulus non finet effe fidem.*

Un autre portrait de Becanus, feulement en bufte & tourné
à gauche, eft collé entre ces deux infcriptions ; la même épitaphe eft imprimée au verfo.

32  BELLARMIN (Robert), cardinal. Dans un cadre ovale,
furmonté du monogramme de la Société de Jéfus &
de deux génies dont l'un tient une croffe & l'autre
une mître. On lit fur la bande du cadre ovale :
ROBERTVS S. R. E. CARD. BELLARMINVS E SOC.
JESV OBIIT XVII SEPT MDCXXI ÆT. LXXXIX. Il eft
tourné à droite & écrit dans un livre. Au bas, un
cartouche avec trois lignes de dédicace : *Illuftriff⁰*
*ac Reuerendiff⁰ Dño Henrico S.R.E. Cardinali*
*Gondo Epô. Parifienfi, fuæ Maieftati Chriftianiff.*
*ab intimis confilijs Joan Van Mechelen humiliffimus*
*cliens L.M.D.*, &, au-deffous : *Anton. Wierx fecit.*
H. 0,101 ; l. 0,068 (N., 18).

33  BERCHMANS, Jean, (récemment canonifé). Ovale
infcrit dans un carré. Les angles font occupés à

gauche, en haut, par un crucifix, à droite par un
livre ouvert fur lequel on lit : REGVLA SOCIETATIS
IESV ; en bas, par un chapelet. En exergue, autour
de l'ovale : IOANNES BERCHMANS. BELGA. E SOC.
IESV. OBIIT ANNO. MDCXXI AVG. XIII ÆTATIS XXII;
&, dans la marge : *Haec tria mihi cariſſima cum
his libenter moriar ;* &, au-deſſous : *Anton. Wierx
fecit et excud.* H. 0,100 ; 1. 0,062.

On trouve un état avec la lettre G au lieu de C dans le nom.

34  Le même. Carré, avec cette infcription : *Joannes
Berchmans, belga, natus Dieſlemij* 1599, *13 martij.
Deceſſit Romæ* 1621, *13 aug.* Le livre, le chapelet & le
crucifix s'y trouvent auſſi, ce qui juſtifie l'infcription :
*Haec tria... Anton. Wierx fecit et excud.* H. 0,110 ;
1. 0,071.

35  Nagler indique un portrait de J. Bergmans, jéfuite,
1600, 8°, au n° 30 de l'œuvre de Jérôme. Il ajoute
qu'il y a des exemplaires avant la lettre.

36  BLES (Henri), peintre. C'eſt la planche 14 de la
collection ornée des vers de Lampfonius, décrite
ci-deſſus. Ce portrait porte l'infcription : HENRICO
BLESIO BOVINATI. Sans fignature. A gauche, dans
une niche, une chouette : *Bubonem pro nota tabulis
fuis appinxit vixitque circa an.* 1550.

> Pictorem vrbi dederat Dionatum Eburonia, pictor
>     Quem proximis dixit poëta verfibus.
> Illum adeo artificem patriæ fitus ipfe, magiſtro,
>     Aptiſſimus, vix edocente fecerat.
> Hanc laudem inuidit vicinæ exile Bouinum,
>     Et rura doctum pingere Henricum dedit.
> Sed quantum cedit Dionati exile Bouinum,
>     Joachime, tantum cedit Henricus tibi.

BLOYS (Guillaume de). Voyez Treslong.

BOONAERTS. Voyez Fabius.

BUONAROTTI. Voyez Michel-Ange.

37   BORIA, Fr. (ou Borgia). Troifième général des jéfuites. A mi-corps, figure de trois quarts, tourné à
droite, coiffé du bonnet carré, un livre fous la main
gauche, un rofaire à la droite. Dans la marge :
FRANCISCVS BORIA III GENERALIS PRÆPOSITVS
*focietatis* JESV, *quam ab anno* 1565 *Iulij* 2, *ad vfque*
1572 *oɗobris* 2. *feliciter rexit : Obijt Romæ, ætatis
fuæ* 62, &, plus bas : *Hieronymus Wierx fecit et
excudit. Cum Gratia et Privilegio, Piermans.*
H. 0,122 ; l. 0,072 (N., 29).

    Vendu fr. 10-50 à la vente Camberlyn.

38   Le même. La tête nue eft entourée d'une auréole.
Devant lui une table fur laquelle on voit un chapeau de cardinal, un bonnet d'électeur, une mître
d'évêque fur un livre, une tête de mort coiffée de la
couronne impériale, auffi fur un livre. Il pofe la
main droite fur cette couronne ; de la gauche il
tient un chapelet. On lit dans la marge : B. P. FRAN-
CISCVS BORGIA III.GENER. PRÆPOSITVS SOC.IESV.
*Quam ab anno...* comme dans l'eftampe précédente ;
&, plus bas : ILLVSTRISSIMÆ DNÆ HELENÆ DE
BORGIA ET DE BOSSV ETC. ABNEPTI BP FRAN-
CISCI &c. Ioës Van Mechelen DD. *Hieronymus
Wierx figurauit. Joan. Van Mechelen excud.
Cum Gratia et Priuilegio.* H. 0,140 ; l. 0,090.

39   BOROMÉE (Saint Charles). Debout, les mains jointes,
tourné à gauche où l'on voit un crucifix fur une
table. Le faint a un nimbe. Sur le tapis de la table
on lit : *Hieronymus Wierx fecit et excudit. Cum
Gratia et Priuilegio. Piermans,* &, dans la marge :
S. CAROLVS BOROMEVS. CARD. ARCHIEP. MEDIO-
LAN. Natus 2 Oɗob. obijt 4 Novemb. 1584. Canon.
1 Nou. 1610, &, plus bas : *Quafi ftella...,* deux
lignes. H. 0,135 ; l. 0,082 (N., 379).

BOSMER (Sebald). Voyez ci-après Vofmer.

40 BOSQUET (Jean), poëte montois (1). Ovale dans un carré; les coins font couverts de tailles. Bufte, vu prefque de face, tourné un peu à droite; fur le fond blanc, à la hauteur de l'oreille : AN. 40. La marge contient le quatrain fuivant :

> *Par différent accord, pour à l'enuy mieux faire,*
> *T'a plume a ce burin, o Bofquet, fait la guerre;*
> *Car fon traict ne vinroit cogneu par l'nnivers*
> *Sans l'efprit que ta plume a gravé dans les vers.*
>
> *Max. Plouuier.*

*Anton. Wierx fculp.* H. 0,136; l. 0,088.

41 BOURBON (Antoine de), roi de Navarre. On lit au tome V, page 56, du peintre & graveur français, de M. Robert Duménil, à l'article Marc-Duval : « La table des portraits de la *bibliothèque hiftorique de la France* révèle l'exiflence du portrait d'Antoine de Bourbon, roi de Navarre, — par Marc-Duval, — dont nous n'avons aperçu que la copie exécutée par l'un des Wierix, qui n'y a mis ni nom ni marque. »

42 BOURBON (Catherine de), fœur d'Henri IV, ducheffe de Bar, morte à Nancy le 13 février 1604, fervant de pendant à un portrait d'Henri III. On lit dans la marge quatre vers :

> Qui void ce beau portrait cette augufte aparence
> Void tout l'honneur du monde & l'abrégé des cieux
> C'eft le plaifir de l'âme, & le mirouer des yeux
> Princeffe des vertus auffi bien que de France.

L'eftampe eft fignée : JOHAN. WIERX SCVLPSIT 1600

(1) Ce portrait a été gravé, ainfi que celui de Charles de Croy, pour l'ouvrage intitulé : *La réduction de la ville de Bone.* On le rencontre ifolé fans le nom du perfonnage. Dans cet état, il a été vendu 13 fr. à la vente Camberlyn.

AVEC PRIVILÈGE DU ROY. *Harman Adolfz excudebat Haerlemenfis.* H. 0,340; l. 0,250.

Bazan, *Dictionnaire des graveurs,* page 538, cite un portrait de cette princeffe figné Jean Wierix.

43 BOURBON (Henri de), roi de Navarre. Dans un
ovale. Il eft vu prefque de face, tourné un peu vers
la gauche. On lit en exergue : HENRICVS BORBO-
NIVS D. G. REX NAVARRÆ DVX VENDOMÆ COMES
BEARNY ETC. Et en bas : *Hieronymus Wirix fecit.*
H. 0,077; l. 0,060.

44 BOURBON (Louis de), prince de Condé. Vu prefque
de face, un peu tourné à droite. Médaillon ovale.
On lit en exergue : LVDOVICVS BORBONIVS PRIN-
CEPS CONDEVS, SCLOPETO ICTVS OBIIT. AN. M.D.
LXIX. MENSE MARTIS. En bas : *Hieronymus Wirix
fecit.* H. 0.077; l. 0,060.

Vendu 49 fr. à la vente Camberlyn.

BOURBON (Éléonore de). Voyez Orange.

45 BUSCHERE (1) (Joachim de). Portrait en bufte, dans
un ovale. Vu de trois quarts tourné à droite &
regardant en face. On lit fur la bande, autour de
l'ovale : JOACHIMVS DE BVSCHERE SS. PP. ALBERT
ET ISABEL ARCHID. AVST. IN CONSIL. BRABAN. A
SECRETIS ; &, dans un cartouche, en bas, la devife :

(1) Par lettres patentes des archiducs Albert & Ifabelle, datées du
26 juin 1608, Joachim de Bufchere, fecrétaire extraordinaire du Confeil de Brabant, depuis environ 21 ans, eft nommé fecrétaire ordinaire
du même confeil, en remplacement de M. Meynshout. Ces lettres
furent enregiftrées au Confeil des finances feulement en 1610; & fes
gages commencèrent à figurer dans les regiftres des Domaines de
Bruxelles en 1611. Selon ce compte, il remplaçait Pierre van der Hae-
gen. On trouve, fous la date du 18 novembre 1606, un octroi du Confeil de Brabant figné Bufchere. Nagler le prend, ainfi que fon adjoint
Piermans, pour un éditeur.

DEVS PROVIDEBIT; au-deſſous : JOHANNES WIERX
FECIT. AN 1603. H. 0,105; 0,083.

# C.

46  CANISIUS (Pierre), récemment canoniſé. A mi-corps;
il tient un livre des deux mains; il eſt vu de trois
quarts & tourné à gauche. On lit dans la marge
d'en haut : PETRVS CANISIVS SOCIETATIS JESV.
Dans la marge d'en bas deux diſtiques :

> Hunc habuit Petrum Felix Germania Patrem,
> Quem ſtupuere olim, curia, Templa, ſcholæ
> Nunc ſculpta ære quidem fas eſt hæc ora tueri,
> Illius at vita eſt ſuſpicienda magis.

*Hieronymus Wierx fecit et excudit.* H. 0,110;
l. 0,072.

Vendu 20 fr. à la vente Camberlyn.

47  CÉSAR (Monſieur), duc de Vendôme, âgé de quatre
ans ; gravé par Jérôme Wierix. Ce portrait eſt indiqué par Niel dans la notice ſur la mère de ce
perſonnage, Gabrielle d'Eſtrée.

Vendu 63 fr. à la vente Camberlyn.

48  CHARLES-QUINT. L'Empereur adore la Vierge im-
maculée. Compoſition diviſée en deux parties : le
Ciel, où l'on voit le Père Eternel & le Saint-Eſprit
planer au-deſſus de la Vierge Marie debout ſur un
croiſſant & tenant l'enfant Jéſus dans ſes bras; la
Terre, où l'on voit quatre princes agenouillés devant des prie-dieu, ſous autant de dais armoriés. Ces
princes ſont : à gauche, *Charles-Quint* ayant derrière
lui un prince; à droite, *Philippe II*, roi d'Eſpagne,
ayant derrière lui un prince royal. Plus ſur le devant, les douze échevins de la ville d'Anvers ſont

auffi agenouillés & forment un demi-cercle. S. P. Q. A. M. D. V. *figura. Joan. W. fculp. A. Huberti D. D.* — H. 0,273; l. 0,197 (N., 1).

L'abdication de Charles-Quint ayant eu lieu en 1556, cette pièce ne peut pas être antérieure à cet événement ; celui des trois frères qui l'a gravée n'avait que fept ans à cette date, & l'éditeur Huybrecht n'eft lui-même entré à la Gilde qu'en 1573.

49 CHARLES DE LORRAINE. Ovale. Bufte, fans mains, avec fraife; tête nue, tourné à droite. Sur la bande, autour de l'ovale : CAROLVS DEI GRATIA. CAL. LOTH. B. GEL. DVX. *Hieronymus Wierx fecit.* H. 0,070; l. 0,060.

Vendu 32 fr. à la vente Camberlyn.

50 CHARLES DE LORRAINE, duc du Maine. Ovale. Bufte cuiraffé, fans mains, tête nue, vu de face. En exergue : CHARLES DE LORRAINE DVC DV MEINE ET G. C. D. F. *Hieronymus Wierx fecit.* H. 0,091; l. 0,068.

Vendu 30 fr. à la vente Camberlyn.

51 CLÉMENT VIII, pape. Bufte vu de trois quarts, tourné à gauche, dans un trait carré, le fond couvert de tailles. On lit dans la marge : *Ad vitam vna cum grege fibi credito perveniat fempiternam. Anton. Wierix fecit et excudit.* H. 0,080; l. 0,058 (N., 1.) Vendu 15 fr. à la vente Camberlyn.

Il y a un deuxième état avec les fignatures : *Anton. Wierx fecit. Hieronymus Wierx excud.* On trouve une copie en contre-partie dans un médaillon ovale, fans fignature ni adreffe, avec le nom au-deffus : CLEMENS VIII PONT. OPT. MAX.

52 COCK (Jérôme). Le n° 23 de la collection Lampfonius. Le célèbre peintre & graveur eft repréfenté tenant une tête de mort entre les mains. De l'index de la gauche, auquel il y a un anneau, il montre la tempe. Sur la table devant lui, à droite, on voit

trois burins. La marque III. W. eſt à gauche, tout en
haut; le numéro 23 de l'autre côté. Au-deſſus des
huit vers qui occupent la marge : HIERONYMO COCO
ANVEPIAN. (sic) PICTORI.—H., ſans la marge, 0,156,
avec la marge, 0,233 ; l. 0,120.

> Fallor ? an effigiem vultus, Hieronyme, primum
>    Hanc duxit pictor poſt tua fata tui ?
> Neſcio quid certe torpens et languidum in illa
>    Non prorſum indoctis innuit hoc oculis.
> Clarius, heu, ſed enim loquitur caluaria cunctis,
>    Indice commonſtrat quam tua læva manus :
> Hi præiere Cocum artificis quos deinde ſecutus
>    Vos ijsdem comites ille, ſibique vocat.

53  COECKE (Pierre). Le nº 16 de la collection Lampſonius. Il eſt repréſenté peignant. Au-deſſus des ſix
vers qui occupent la marge, on lit : PETRO COECKE
ALOSTANO, PICTORI. La marque IH.W. eſt en haut,
à gauche; à droite le nº 16. — H., ſans la marge :
0,153, avec la marge, 0,210 ; l. 0,123.

> Pictor eras nec eras tantum, Petre, pictor Aloſtum
>    Qui facis hac orbi notius arte tuum :
> Multa ſed acceſſit multo ars tibi parta labore,
>    Cuius opus pulchras ædificare domos.
> Serlius hanc Italos tu, Serli deinde bilinguis
>    Interpres, Belgas, Francigenaſque doces.

54  CLEEF (Juſte van). Le nº 12 de la collection Lampſonius. Inſcription : JVSTO CLIVENSI ANVERPIAN.
PICTORI. Sans ſignature. *Viuebat Antuerpiæ in
patria an.* 1554.

> Noſtra nec artifices inter te Muſa ſilebit
>    Belgas, picturæ non leue, Iuſte, decus.
> Quam propria, nati tam felix arte fuiſſes ;
>    Manſiſſet ſanum ſi miſero cerebrum.

55  COLIGNY (les trois frères). Copie d'après Marc du
Val. Ils ſont tous les trois en pied : *Gaſpard* au
milieu, *François* à droite, *Odetvs* à gauche. Gaſ-

pard feul a une toque, les deux autres font décou-
verts. Tous les trois portent l'épée, le manteau à
l'efpagnol & le collant. Sous les pieds de Gafpar on
lit : *Gafpar Thalaffiarchvs;* fous ceux de François :
*Francifcvs ordinvm pedeftrivm præfeðvs* & fous
ceux du troifième : *Odetvs cardinalis.* En haut :
COLLIGNEI FRATRES. Sans fignature ni adreffe.
H. 0,260 ; l. 0,202.

Il y a deux épreuves, l'une eft rognée & fans infcription,
l'autre a dans la marge une infcription en allemand : *Abconter-*
*fetung dreyer...* Voir Robert Duménil, tome V, page 56.

56 CROY (Charles, duc de) & d'Arfchot. Bufte cuiraffé,
tête nue, grande fraife, prefque de face. Ovale infcrit
dans un carré ; les angles font couverts de tailles de
burins. A la hauteur du front, fur le fond blanc :
AN. 39. En exergue, entre deux traits : CHARLES,
DVC DE CROY ET D'ARSCHOT. Dans la marge un
quatrain :

> *Vertus, fcauoir, nobleffe, efprit, force & courage,*
> *Viuent au crayon vif de cefte morte image :*
> *L'artifan au burin rapporte icy fes yeux*
> *Et Bofquet fes valeurs d'un vers induftrieux.*
>
> *A. B.*

*Anton. Wierx fculp.* H. 0,135 ; l. 0,085.

Vendu 11 fr. à la vente Camberlyn.
Voyez la Réduction de la ville de Bone (Jean Bofquet).

57 CURTIUS (Jan). A gauche, les armoiries ; à droite,
faint Michel ; dans la marge les noms & titres : JAN
CVRTIVS Sʀ DOVPIE VIVIGNIS HERME, GRAND &
PETIT AAZ, TILEUR, VISSCHERWERT, SOVMANG,
Sʀ HALEN. Æ. 56. ANNO 1607. — *Johannes Wierx*
*f.* H. 0,120 ; l. 0,077 (N., 22).

Vendu fr. 10-50 à la vente Camberlyn.

# D.

DE RIDDER (Michel), prieur de Rouge - Cloître.
Voyez le *Cœur pénitent*, n° 1204 ci-deffus.

58 DE VOS (Jacques-Marius). A mi-corps, vu de trois
quarts, tourné vers la droite d'où vient le jour. Il eft
tête nue, vêtement très-jufte, collerette large, barbe &
mouftaches. Il a au cou un ruban qui defcend très-
bas vers la droite. Au haut, du même côté, un écu
d'armes portant un renard (en flamand *vos*). Au haut
de la gauche, un rayon chargé de quatre volumes.
Sur le champ de ce rayon : IH. W. 1578. Dans la
marge d'en bas, en une ligne : IMAGO. JACOBI.
MARII. DE VOS. ÆT 33. H. 0,112; l. 0,073.

Ce ne peut être le portrait du peintre Martin de Vos, né
en 1520, & qui avait 58 ans en 1578. C'eft peut-être fon fils.

59 DORLÉANS (Louis). Avec cette infcription : *Ora Dei
juffu non unquam credita Teucris.* LVD. DORLEANS
REGIVS IN SENATV. PARIS. PATRONVS. *Otho Venius pinxit. Hieronymus Wierx fculpfit. Jean-
Baptifte Vrints donavit Antverpiæ* 1602. H. 0,175;
l. 0,137.

60 DRAECK (François), ou Drake. Bufte dans un ovale,
tourné à droite, vu prefque de face; l'épaule droite
cachée par un grand bouclier fur lequel eft repréfenté un combat naval. A l'entour on lit : FRAN-
CISCVS DRAECK NOBILISSIMVS EQVES ANGLIÆ
ÆTAT. SVÆ XLIII. *Hierony. Wierix fculp.*, &,
au-deffous : *Hic eft qui toto terrarum orbe, duo-
rum annor. fpatio et menfium 10, circumduĉto An-
gliam patriam revifit.* 1577 id. *Dece.* H. 0,078;
l. 0,060 (N., 31).

Vendu 35 fr. à la vente Camberlyn.

DUDLEY (Robert). Voyez Leicester.

61 DURER (Albert). Pièce ronde. On lit autour de la tête :
ALBERTVS. DVRERES *(sic)* NORICVS. INTER. PIC-
TORES. OMNIVM. ÆTATVM. FACILE. PRINCEPS. —
1.5.7.1. L'inscription est sur une bande circulaire par-
tant d'une épaule à l'autre. Elle commence, en haut,
après le signe ✝. Au-dessus de la croix, dans la
marge : I. W. Le portrait est vu de profil, tourné à
gauche. Diam. 0,100 (N., 19 Jean).

# E.

62 ELISABETH, reine d'Angleterre. Buste, vu de trois
quarts, tourné à droite. Couronne & grande fraise.
ELISABETH D. G. ANGLIÆ FRANCIÆ HIBERNIÆ
ET VIRGINIÆ REGINA. *Anton. Wierx fecit et excud.*
H. 0,080; l. 0,057.

Il y a un état avec l'adresse de Jérôme. Le premier état a été
vendu 59 fr. à la vente Camberlyn.

63 Le même portrait, en médaillon ovale & en contre-
partie; buste vu de trois quarts, regardant à gauche,
grande fraise. En exergue, dans l'ovale, on lit :
ELISABET D. G. ANG. FRANC. HIBERN. ET VIRG.
REGINA. Sans signature ni adresse; l'épreuve est
très-rognée. H. 0,055; l. 0,043 (N., 4).

Vendu 11 fr. à la vente Camberlyn.

64 ELISABETH D'AUTRICHE. Ce portrait est indiqué
par Niel. « Une petite planche ovale, gravée probablement dans les Pays-Bas, & dont le travail
rappelle celui des Wierix. La reine est représentée
en buste. Autour de la bordure est placée l'inscription suivante : *Isabella Austriæ imp. Maximiliani
F. Caroli noni Francorum regis uxor.* Au bas :
1571. »

ERASME. Quelques iconophiles attribuent à un Wierix une copie du portrait de ce personnage, par Albert Durer.

65 ERNEST (l'archiduc), gouverneur des Pays-Bas. Buste, coiffé d'un bonnet orné d'une plume, vu de trois quarts, tourné à gauche. Il porte la toison d'or suspendue à un ruban. En haut, à droite, grand écusson aux armes du prince. Dans la marge : ER-NESTVS D. G. ARCHIDVX AVSTRIÆ..., trois lignes, &, plus bas, deux distiques :

> En, genus imperio dignum : fata sanguine Divûm
> Proles : Austriacæ gloria magna domus.
> En, quod fata ferant votis, atque omine fausto,
> Belgica, naufragiis anchora sacra tuis.

*Anton. Wierx fecit et excud.* 1594. Epreuve rognée. H. 0,215; l. 0,155 (N., 13).

66 Le même personnage. Médaillon rond dans un enca-drement carré, avec cartouche en bas; buste cuirassé, vu de trois quarts, presque de face, un peu à gauche, tête nue, cheveux courts. Dans le cartouche on lit trois distiques :

> Armorum hic pacisque decus DABIT INDOLE DIGNVM
> Austriaca, magni nomen, opusque ducis
> Qui genus augustum patriis virtutibus æquat,
> Dignaque Cæsareo stemmate facta gerit.
> Defensor, vindexque tuus, caput erige palmæ
> Materies tanto, Belgica, facta vero.
>
> > J. Bochius S. P. Q. Antverp. a secretis.

*Ant. Wierx fecit et excud.* Sur la bande, autour du cadre : ERNESTVS D. G. ARCHIDVX AVSTRIÆ DVX BVRGVN., &c. H. 0,220; l. 0,160 (N., 15).

67 Le même personnage. Ovale. Buste cuirassé, sans bras, tête nue, cheveux très-courts, vu presque de face, tourné à droite; fraise, moustaches & toison

d'or. En exergue, autour de la tête : SERENISS.
ERNESTVS ARCHIDVX AVSTRIÆ. Pièce très-rognée ;
fans fignature ni adreffe. H. 0,056 ; l. 0,044.

# F.

68  FABIUS (Guillaume), recteur d'école à Anvers, pro-
feffeur de grec à l'Univerfité de Louvain, tué en
1590 dans une émeute d'étudiants. Son nom de
famille eft Boonaerts ; il eft né à Hilvarenbeek, de
même que Goropius Becanus. Très-beau portrait
gravé d'une pointe des plus délicates. A mi-corps,
vû de trois quart, regardant à gauche ; une main
pofée fur une tête de mort. A droite, en haut, un
écuffon : Pégafe en champ d'argent ; à gauche, une
compofition emblématique avec la devife : ASYLVM
MEVM DEVS. Sans adreffe ni fignature. On lit dans
la marge les deux vers :

> Percelebris Fabii vultus en afpice veros
> Qui claro ingenio famæ refplendit et arte.

H. 0,167 ; l. 0.126 (N., 23 Jér.).

69  FARNÈSE (Alexandre). Bufte cuiraffé dans un ovale ;
tête nue, vue de trois quarts & tournée à gauche.
On lit en exergue : ALEXANDER FARNESIVS PARMÆ
ET PLACENTIÆ DVX GVBERN. ET CAPITAN. GENE-
RALIS REGION. BELGICAR. En dehors de l'ovale,
en bas : *Hieronymus Wierx fculp.* H. 0,078 ;
l. 0,060 (N., 11).

70  Le même perfonnage. Fragment d'un frontifpice. Le
portrait eft dans un ovale avec coins pointillés.
ALESSANDRO FARNESE. *Johan. W. fecit.* 1591.
H. 0,134 ; l. 0,082.

71  FLORIS (François). Le n° 22 de la collection Lamp-

fonius. Infcription : FRANCISCO FLORO ANVER-
PIANO PICTORI, fuivie de trois diftiques :

> Si pictor quantum natura, Flore, valebas,
>   Tantum adiunxiffes artis et ipfe tibi,
> Dum tibi multa libet potius, quàm quam pingere multùm,
>   Nec mora te limæ iufta, laborque iuuat;
> Cedite, clamorem, pictores, omnibus oris
>   Quos vel aui, noftri vel genuére patres.

Le peintre eft tourné à gauche. Il tient fa palette,
fes pinceaux & un panneau fur lequel une femme
nue eft deffinée. La marque III. W. eft à l'angle, à
gauche, en bas; le numéro à droite, en haut.

H., fans la marge, 0,155, avec la marge, 0,225;
l. 0,132.

72 FRÉDÉRIC OTHON. Ce portrait eft accompagné dans
la marge de quatre diftiques latins :

> *Miraris faciles vultus placidumque pudorem*
>   *Et quæ ab inoffenfa lumina fronte micant*
> *Ter denos Friderichus Otho tranfegerat annos,*
>   *Quum fimili vultu confpiciendus erat*
> *Extudit (sic) hunc molli Wirinxius ære, fed altos*
>   *Ars animi fenfus fingere nulla dedit :*
> *Difce viri fanctos monitus dum plena refolvit*
>   *Ora Deo ut meritis dent tibi figna piæ.*

L'eftampe eft fignée : IOHANNES W. FE. H. 0,218;
l. 0,158 (N., 16).

73 Le même perfonnage. Vu jufqu'aux genoux. Au-
deffus, à gauche, les armes de France. A droite,
l'aigle de l'empire. Indiqué par Nagler au n° 16 de
l'œuvre de Jérôme.

74 FRANÇOIS XAVIER (Saint). Ovale rogné jufqu'au
trait. Bufte à peu près de face regardant en haut,
vers la droite, mains croifées fur la poitrine. Légende en exergue : P. FRANCISCVS XAVERIVS SOCIE-
TATIS JESV INDIS JAPONIB. &C. PRÆDICAVIT.
Sans fignature ni adreffe. H. 0,054; l. 0,042.

75   Le même. Cadre circulaire infcrit dans un carré. Les
     miracles du faint font repréfentés dans des médail-
     lons ovales aux quatre angles. Au milieu, d'en haut,
     on lit dans un cinquième : *Satis eft dominus fatis
     eft.* Le portrait eft en bufte. On lit dans la marge :
     *P. Francifcus Xaverius : qui primus ex societatis
     Iefu fidem in Indiam inuexit. Obijt an°* 1552. Il n'y a
     pas d'auréole autour de la tête. Un rayon de lumière
     apparaît en haut, à gauche, du côté on regarde le
     Père. H. 0,085; l. 0,060.

       Il y a deux états : 1° avec la fignature : *Hieronymus Wierx
     fecit;* 2° avec *Hieronymus Wierx fecit et excud.*

76   Le même, même defcription. Il y a une auréole
     autour de la tête. La lettre *P*, qui dans l'eftampe
     précédente fe trouve devant le mot *Francifcus*, eft
     remplacée par *S*. Signé : *Hieronymus Wierx fecit
     et excud.* H. 0,082; l. 0,060.

77   Le même, vu jufqu'à la ceinture; les mains croifées
     fur la poitrine, tourné à droite, regardant en haut
     où font ces mots : *Satis eft domine fatis eft* qui fem-
     blent fortir de fa bouche. Dans la marge d'en haut :
     P. FRANCISCVS XAVERIVS SOC. JESV; &, plus bas,
     dans le champ de l'eftampe : HIC PRIMVS EX SOC :
     IESV FIDEM IN INDIAM INVEXIT. *Obijt an.* 1552,
     *Decem.* 2. Dans la marge d'en bas : *Non funt con-
     dignæ..... Hieronymus Wierx fecit et excud.*
     H. 0,109; l. 0,072.


## G.


78   GARNET (Henri). Dans un cadre ovale entouré d'or-
     nements. On lit dans la marge d'en bas : *Si quid
     patimini propter juftitiam, beate. S. Petr.* 3. *Hen-*

*ricus Garnetus, anglus, e Societate Iefu, paffus
3 mai 1606.* JOHAN. WIERIX F. EXCVD. CVM G. ET
PRIVIL. SIG. D. BVSCHER. H. 0,100; l. 0,078.

Vendu 5 fr. à la vente Camberlyn.

79 Le même perfonnage, dans l'épi miraculeux; on lit à
l'entour : MIRACVLOSA EFFIGIES R. P. HENRICI
GARNETI SOᵗⁱˢ JESV MARTYRIS ANGLIÆ 3ᵃ MAII
1606. Au milieu de l'épi fe voit la face du jéfuite
ayant, à l'endroit du menton, une petite tête de
chérubin. On lit, en bas : CVM. G. ET PRIVIL. SING.
DE BVSS. I. W. EXC. H. 0,104: l. 0,064.

80 GASSEL (Lucas). Le n° 21 de la collection Lampfonius. Infcription : LVCÆ GASSELO HELMONTANO
PICTORI. Au-deffous quatre diftiques :

> Salue omnes, Luca, ante alios cariffime quondam
>     Nec leuius proprio culte parente mihi.
> Quippe mihi primum graphices datus auctor amandæ,
>     Dum pingis docta rura, cafafque manu.
> Par arti probitafque tuæ, candorque, bonorum
>     Et quicquid mentes ducere amore poteft.
> Ergo fama tuæ virtutis, et artis in æuum
>     Viuat, vtroque mihi nomine, amate fenex.

Le peintre eft vu de trois quarts, tourné à gauche.
Il tient la palette & les pinceaux de la main gauche.
La marque IH. W. eft en haut du même côté; le
n° 23 eft à droite.

H., fans la marge 0,157, avec la marge 0,223;
l. 0,123. *Vixit et obijt Bruxellis circa an.* 1560.

81 GOESIUS (Chʳ), bailly de Delft a. 1578 æt. 47. Portrait en bufte, tourné à droite, en un ovale, avec
infcription à l'entour. D'après H. Wyerix, par W. J.,
Delph. 1600, in-12. (Catalogue de M. F. Muller.)

82 GRACHT (Quentin van der), en français Dufoffé,

orfèvre anverſois. Figure à mi-corps avec un album
de deſſins. Il y a dans la marge quatre vers :

> *Je Quintin Du Foſſé ces beaux portraits délaiſſe*
> *A mes enfants aymez avecques charge expreſſe*
> *De les contregarder & ſe reſſouvenir*
> *Du vertueux chemin que j'ai voulu tenir.*

Ce portrait eſt ſigné Iohan W. 1584. Il y a de plus
une inſcription flamande & latine : QVINTINVS VAN
DER GRACHT, *goltſchmidt tot Antwerpen, a Foſſa
Bethun. æt. an. 50. Dii cœpta fecundent.*
 H. 0,124 ; l. 0,088 (N., 21).

GRANVELLE (le cardinal). Voyez Perrenot.

83 GRÉGOIRE XIV, pape. Buſte, de trois quarts, tourné
à droite, regardant en face, béniſſant de la main
droite. A gauche, en haut, ſes armoiries. On lit
dans la marge : GREGOR. XIIII. Pont. Opt. Max.
Mediolanus. Creatus 5, Coronatus 8 Decemb. 1590,
&, plus bas, deux lignes de texte : *Dominus conferuet eum…* Signé : *Hieronymns W. fecit.* H. 0,131 ;
l. 0,080.

GUILLAUME DE NASSAU. Voyez Orange.

84 GUILLAUME, comte palatin du Rhin. Ovale. Buſte
ſans mains, tête nue, tournée à gauche, vue de trois
quarts, portant la toiſon d'or, avec le collier. On
lit en exergue : SERENISS. GVILHELMVS COMES
PALATINVS RHENI VTRIVSQVE BAVARIÆ DVX, &,
ſous le buſte : IN DEO FACIAMVS VIRTVTEM. Sans
ſignature ni adreſſe. H. 0,056 ; l. 0,043.

85 Le même perſonnage, dans un trait carré. Buſte,
tourné à droite, vu de trois quarts, tête nue, toiſon
d'or ſuſpendue à un ruban, manteau garni de fourrure. SERENISSIMVS GVILHELMVS D. G. COMES

PALATINVS RHENI, VTRIVSQVE BAVARIÆ DVX, &c.
*Anton. Wierx fecit et exc.* H. 0,080; l. 0,058 (N., 12).
Vendu 20 fr. à la vente Camberlyn.

GUISE. Voyez Lorraine.

# H.

86  HARÆUS (Francifcus). A mi-corps, de face, légère-
ment tourné vers la gauche dans un vêtement très-
adhérent, coiffé d'un bonnet de prêtre, barbe pointue
& mouftaches, Il eft affis derrière une table fur
laquelle eft dépofé un livre ouvert, dont les pages
font blanches & fur lequel il pofe deux doigts de la
main gauche. De la droite il tient une plume qu'il
trempe dans une écritoire placée au bas de la gauche.
Sur la table, au bas de la droite : *Anton. Wierx
,fecit.* La marge inférieure eft blanche mais réglée
de huit lignes. H. 0,142; l. 0,095.

87  Il y a de cette eftampe un état poftérieur. Le bonnet
a été enlevé & le perfonnage eft nu-tête. Il porte les
cheveux très-courts. Il y a, fur les feuillets du livre,
une longue infcription commençant par les mots :
*Catalogus operum,* & finiffant par : *S. Scriptorum.*
Au haut, à gauche: *An. Chrifti* 1625. (1) *ætatis* 70.
La fignature d'Antoine Wierix a difparu. La marge
d'en bas eft occupée par l'infcription fuivante :
FRANCISCVS HARÆVS. *Ultraiectinus S. Theologiæ
licentiatus* fuivi des deux vers :

> Succos dehinc Gallos, Italofque vivendo quid egi
> Chrifte tua eft virtus, hinc meliora fequi.

_______

(1) Cette date eft poftérieure d'une année à la mort de l'artifte; ce
n'eft donc pas lui, mais quelqu'éditeur, acquéreur du cuivre, qui y
aura fait les changements.

88 HENRI III, roi de France. Grand a peu près comme
nature. Bufte de trois quarts, un peu tourné à droite,
regardant en face, coiffé d'un petit bonnet avec aigrette. A gauche, au-deffus de l'épaule : *Jeronymus
W. fe.* On lit dans la marge les quatre vers fuivants
fur deux lignes :

> *Peintre, afin que ton art imite la nature,*
> *Au tableau de ce Roy dont l'honeur touche aux cieux*
> *Pein (sic) fur fon chef Pallas, fur fes leures Mercure,*
> *Mars deffus fon vifage & l'Amour dans fes yeux.*

H. 0,356; l. 0,250 (N., 9).

Il y a de ce portrait une répétition réduite fignée : *P. Gour-
delle excudit. Jacobus granthomme fecit an.* 1588. Le roi,
dans cette eftampe, porte l'ordre du Saint-Efprit. H. 0,150
avec la marge contenant les vers; l. 0,102.

89 Le même perfonnage. Ovale. Bufte, coiffé d'un
bonnet avec une aigrette. Vu de trois quarts, regardant en face, mais en-deffous. On lit en exergue :
HENRICVS III D. G. FRANCORVM ET POLONIÆ REX.
MDLXXXVI. A gauche, en bas : *Hieronymus;* à
droite : *Wierix fculp.* H. 0,077; 0,060.

Deux épreuves ont été vendues, l'un 63 fr. & l'autre 20 fr.
à la vente Camberlyn.

90 Le même perfonnage, portant les infignes de l'ordre
du Saint-Efprit, qu'il avait inftitué en 1576. Planche
fans nom de graveur.

Vendu 80 fr. à la vente Camberlyn.

On lit dans le catalogue de Nagler, œuvre de
Jérôme, n° 5 : HENRI III, d'après Paul de la Hove,
in-folio, avec 4 vers français. — 11. Le même, petit
in-8°. — 22. Le même, in-folio.

91 « HENRICVS BORBONICVS (IV). Rex Franciæ et
Navariæ, Comes Bearny, etc. Bufte dans un ovale,
voyant vers la gauche. Pièce d'une exceffive rareté.

Edition poſtérieure avec l'adreſſe de De Jode. » Le nᵒ 1 de l'œuvre de Jérôme dans l'ouvrage de Nagler.

Vendu 27 fr. à la vente Camberlyn.

92   HENRI DE BOURBON, roi de Navarre & plus tard roi de France. Buſte cuiraſſé, avec écharpe. Ovale inſcrit dans un reĉtangle. En exergue on lit : *Henricvs Borbonivs D. G. Navarræ rex. ætat. XL.* Les quatre angles ſont remplis par des fleurons. Le prince eſt coiffé du grand chapeau auquel il a donné ſon nom. Grande marge en bas qui ſemble préparée pour recevoir une inſcription ; on y voit la trace d'une ligne tracée au burin. Immédiatement au-deſſous de la gravure : *Anton. Wierx fecit et excudit* ; les deux premiers mots à gauche de l'ovale, le reſte à droite. H. 0,095 ; l. 0,067.

On a trois états de cette planche : 1ᵒ celui décrit ; vendu 104 fr. à la vente Camberlyn ; 2ᵒ il y a, au ſommet du front, une touffe un peu plus forte de cheveux ; vendu 102 fr. à la vente Camberlyn ; 3ᵒ comme le deuxième état : *Anton. Wierx fecit. Hieronymus Wierx ex* (N., 9) ; vendu 20 fr. à la même vente.

93   HENRI IV, roi de France. Buſte ſans mains, vu preſque de face, dans une bordure ovale. On lit en exergue : HENRICVS IIII. DEI GRATIA GALLIÆ ET NAVARRÆ REX CHRISTIANISSIMVS. M.D.C. En bas ſur deux lignes, en dehors de l'ovale :

*Mars tibi regna dedit ; Mariamque Hymenæus amatam :*
   *Fit bellum auſpicijs, conjugiumque bonis :*
*Sæuioir at Marte eſt Hymenæus ; vincitur hoſtis*
   *Armis ; at forma, viĉtor et ipſe, cades.*

Au-deſſous, l'adreſſe : *Phls. Galle excud.* Sans ſignature de graveur. Nagler l'attribue à Jean (N., 11). H. 0,272 ; l. 0,200.

94   Le même perſonnage. Buſte cuiraſſé, tête nue, vue preſque de face ; cadre formé de deux traits carrés.

On lit dans la marge d'en bas : HENRI IIII ROY DE
FRANCE & DE NAVARRE, &c. H. 0,080 ; l. 0,056
(N., 10).

Il y a deux états : 1° avec l'adreffe : *Ant. Wierx fecit et
excud.;* 2° avec : *Anton. Wierx fecit. Hieronymus Wierx
excud.* Vendu 20 fr. à la vente Camberlyn.

95    HENRI IV. A mi-corps & tourné un peu vers la
      gauche. Avec des infcriptions latines. Tout au bas,
      à droite, dans la marge, les lettres H. W. & l'adreffe :
      *Paulus Brachfets ex.* Pièce in-folio.

      Brulliot, *Dictionnaire des monogrammes.*

96    HENRI VIII & EDOUARD IV d'Angleterre, MARIE
      STUART & ELISABETH. Quatre portraits jufqu'aux
      genoux, fur une même feuille. Claffés par Nagler
      au n° 3 de l'œuvre de Jérôme.

97    HENRI DE LORRAINE. Dans un ovale. Bufte fans
      mains, avec grande fraife, tête nue, vue de trois
      quarts, tournée à droite. On lit en exergue : HENRI
      DE LORRAINE DVX *(sic)* DE GVISE PAIR ET G. M.
      D. F. *Hieronymus Wierx fecit.* H. 0,088 ; l. 0,070.

      Vendu 30 fr. à la vente Camberlyn.

98    HEYNS (Zacharias), âgé de 55 ans (*æt.* 55). Claffé à
      Paris dans l'œuvre des Wierix (EC. 68, f° 117). Sans
      fignature ni adreffe. H. 0,130 ; l. 0,100.

99    HOLLANDER (Jean), peintre. Le n° 11 de la collec-
      tion Lampfonius. Infcription : DE IOANNE HOL-
      LANDO, PICTORE. La marque IH. W. eft à gauche,
      en haut; le n° 11 à droite.

      Propria Belgarum laus eft bene pingere rura;
          Aufoniorum, homines pingere, fiue deos.
      Nec mirum in capite Aufonius, fed Belga cerebrum
          Non temerè in gnaua fertur habere manu.
      Maluit ergo manus Jani bene pingere rura
          Quàm caput, aut homines, aut male fcire deos.

H. fans la marge 0,163, avec la marge 0,209;
l. 0,127. *Obijt Antuerpiæ in patria circa an.* 1540.

100  HOMÈRE. Couronné de lauriers ; bufte de trois
quarts, grand comme nature, d'un burin plus large
que le travail habituel des Wierix, mais fe rappro-
chant cependant du faire des portraits de la collec-
tion *Lampfonius*. Dans la marge d'en bas on lit :
HOMERVS MELESIGENES GRECORVM POETARVM
IMPERATOR. SICVT VIRGILIVS LATINORVM, PE-
TRARCHA ITALORVM, ET D. VAN DER NOOT BEL-
GARVM POETARVM IMPERATORES SVNT. VIXIT
ANTE NATIVITATEM CHRISTI ANNOS M.C.XXIIII, &,
au-deffous : Doctis. clarifque viris D. D. Adriano
Dyck, Ioanni Van den Kieboom, Ioanni Iacobeo, &
Ieronimo Scharini, Paulo Van Dale, & Paulo Van
Genert. — Baptilla Rotondius Dedicabat cenfecra-
batque. *Exc. C. de Iode.* Le fond eft couvert de
tailles horizontales à droite & croifées à gauche. La
marque H. I. W. F. eft en haut, à droite. H. 0,475;
l. 0,368.

> N. B. Il y a un portrait de Virgile de la même grandeur &
> du même faire, avec une infcription rappelant auffi Pétrarque
> & Vandernoot (voir ci-après) ce qui permet de fuppofer que
> la fuite était compofée de cinq eftampes. Nous ne connaiffons
> pas de portrait de Pétrarque qui puiffe appartenir à cette
> fuite; mais il exifte un portrait de van der Noot qui a les mêmes
> dimenfions, mais qui diffère par l'infcription ; il eft figné *Du-*
> *chemin.*

101  HOSPITAL. (Michel de l'). Magnifique portrait, dans
un cénotaphe gravé par Michel Leblond. Deux
génies ailés, affis dans le fronton, foutiennent l'écu
contenant les armoiries. Au-deffus du cadre intérieur du portrait, on lit : *Si ffactus illabatur orbis*
*impavidum ferient ruinæ.* Au-deffous : *Mich. hof-*
*pitalius franciæ cancellarius.* En bas , dans la

marge : *Auec preuilege du Roy. Par le blond.* Le
chancelier eſt vêtu de la ſimarre ; il eſt nu-tête, vu
de trois quarts, tourné à droite ; il a les deux mains
poſées ſur une tablette devant lui ; cette tablette eſt
preſque entièrement blanche. La marque IH. W. eſt
gravée, au milieu, ſur le bord inférieur du cadre.
Hauteur de la planche entière : 0,320 ; du cadre
intérieur : 0,152. Largeur de la planche entière :
0,216 ; du cadre intérieur : 0,121 (N., Jérôme n° 18).

102 HOUWAERT (Jean-Baptiſte), poëte bruxellois, auteur du
*Pegaſides Pleyn.* Ovale dans un riche encadrement.
Buſte de profil, tourné à droite, cuiraſſe & écharpe.
En exergue : IEHAN. BAPTISTA. HOVWAERT, & la
deviſe : HOVDT. MIDDEL MATE. Aux angles quatre
figures aſſiſes : la Science, la Muſique, l'Arithmé-
tique & la Géométrie. Au-deſſous de l'ovale, un
écuſſon aux armes du perſonnage. Dans la marge,
quatre vers flamands imprimés en caractères mobiles. Sans ſignature ni adreſſe ; très-beau portrait.
H. 0,159 ; l. 0,120.

# I.

103 IGNACE DE LOYOLA. A mi-corps, vu de face, coiffé
du bonnet carré. Il tient ouvert le livre de la règle
de la Société de Jéſus, de manière qu'on peut
lire le texte qui couvre les deux feuillets. Dans la
marge : B. IGNATIVS LOYOLA AVTHOR, FVNDA-
TOR, ET PRIMVS GENERALIS *Præpoſitus Societatis
IESV, quam ab an.* 1540. *ſept.* 27 *ad vſque* 1556.
*julij* 31 *ſanĉte rexit. Obijt Romæ ætatis ſuæ an.* 65.,
& plus bas : *Hieronymus Wierx fecit et excudit.
Cum Gratia et Priuilegio. Piermans.* H. 0,120 ;
l. 0,070 (N., 28).

104 Répétition de la même eſtampe, un peu plus petite.
Le ſaint a la tête nue environnée d'une auréole. On
lit dans la marge : B. IGNATIVS LOYOLA, Author
et Fundator Societatis IESV, obijt anno Dñi 1556.
Ætatis ſuæ 65. *Hieronymus Wierx fecit et excud.*
*Cum Gratia et Priuilegio. Buſchere.* H. 0,108 ;
l. 0,065.

105 Le même. Ovale dans un cadre carré; aux quatre
angles, des ſujets de la légende du ſaint dans des
ovales; au milieu, en haut, le nom de Jéſus. Buſte,
tête nue avec auréole. On lit dans la marge :
*S. Ignatius de Loyola author atq˳ fundator... —*
*Hieronymus Wierx fecit et excud.* H. 0,080 ;
l. 0,060 (N., 358).

106 Le même. Dans un ovale. Même deſcription que le
précédent. Le ſaint eſt coiffé du bonnet des jéſuites
& n'a point d'auréole. *Hieronymus Wierx fecit et*
*excud.* H. 0,080 ; l. 0,060.

107 Ovale ſans encadrement, marge entièrement rognée
juſqu'au trait. Buſte vu de trois quarts, tourné &
regardant à gauche; il eſt coiffé d'un bonnet. En
exergue : P. IGNATIVS DE LOYOLA SOCIETATIS
JESV AVTHOR ET FVNDATOR. Sans ſignature ni
adreſſe. C'eſt la copie en contre-partie de la pièce
précédente. H. 0,055 ; l. 0,043.

108 Le même. Buſte ſans bras, coiffé d'un bonnet carré,
tourné à gauche, vu preſque de face. On lit dans la
marge : P. IGNATIVS DE LOYOLA, ſuivi de deux
diſtiques :

> Cum foret in terris ſuperos Ignatius ignes
> Spirans, hic gelidis mentibus ardor erat.
> Nunc vbi diuino ſemper ferueſcis ab igne,
> Accendes quanto corda calore Pater?

Sans ſignature ni adreſſe. C'eſt encore la reproduc-

tion de la tête précédente. Format carré. H. 0,072;
l. 0,051.

109 Le même. Cadre carré, ovale à l'intérieur, un fleuron
à chaque coin. On lit dans la marge un quatrain :

> *La plume & le burin de deux crayons divers*
> *Nous défignent à l'œil quel fut ce grand Ignace,*
> *Mais la foi dont il a renouvelé la trace,*
> *Porte fon âme au ciel, fon nom par l'univers.*
>
>         *Dés.*

C'eſt toujours la même tête, de trois quarts, tournée
à droite. L'eſtampe ne porte ni adreſſe ni ſignature.
H. 0,113; l. 0,065.

110 Le même. A mi-corps, vu de profil, tourné à droite,
devant un crucifix ſaignant par les bleſſures de ſes
mains. De la bouche du ſaint ſortent ces mots : DÑE
QVID VOLO EXTRA TE? Dans un cartouche, en bas :
BEATE PATER IGNATI ORA PRO NOBIS; ſous le
cartouche : *M. de Vos inuent. Hieronymus Wierx
fecit.* H. 0,279; l. 0,194 (N., 358).

111 Réduction de l'eſtampe précédente. Le ſang ne coule
point des mains de Jéſus. Les mots : *Dñe quid volo
extra te?* ſont en italiques. On lit dans la marge :
SĀCTE PATER IGNATI ORA PRO NOBIS; &, au-
deſſus : *Hieronymus Wierx excud. Cum Gratia et
Priuilegio. Buſchere.* H. 0,100; l. 0,072.

112 *Beatus P. Ignatius…*Grand frontipice. Deux colonnes
doriques de chaque côté ſupportant un cintre ſur-
monté d'un fronton. Le ſaint eſt à genoux, au milieu,
en habits ſacerdotaux. Il tient de la main gauche un
cœur enflammé; ſur ſa droite rayonne le nom de
Jéſus. En haut, ſous le cintre, la Sainte-Trinité.
Entre les colonnes, à gauche, un ange ſonnant de
la trompette; à droite, la Vierge tenant une couronne

& une palme; au-deſſus, deux ſtatues. Dans le ſoubaſſement, le ſiége d'une ville; au milieu, un turc
enchainé, à droite, & une chimère, à gauche. L'inſcription eſt en deux lignes, ſous la repréſentation du
ſiége; à gauche, en bas : H. WIERIX. Cette eſtampe
doit être le frontiſpice d'un livre. H. 0,260; l. 0,243;
rognée.

113 *Omnibus omnia factus eſt...* Le même ſaint priant
devant un crucifix placé à droite. Une lumière vient
de ce même côté & traverſe un nuage dont le bord
prend ſur la marge d'en haut. Le ſaint a une auréole.
On lit dans la marge, en haut : S. IGNATIVS DE
LOIOLA SOC: IESV FVNDATOR; &, dans la marge,
ſous deux lignes de texte : *Hieronymus Wierx fecit
et excudit Cum Gratia et Priuilegio. Bufchere.*
H. 0,113; l. 0,072.

114 Le même ſujet. Le ſaint eſt tourné vers la gauche.
Son auréole eſt ſur le ſommet de la tête. Il n'y a
pas de lumière en haut. *Hieronymus Wierix fecit
et excud.* H. 0,108; l. 0,070.

115 La même eſtampe, même inſcription. Elle ne diffère
de la précédente que parce que le ſaint n'a pas d'auréole. *Hieronymus Wierx fecit et excud.* H. 0,113;
l. 0,075.

116 Nagler indique, au n° 102 de l'œuvre d'Antoine, un
ſaint Ignace de Loyola en extaſe devant une appari-
tion d'anges. In-8°.

Voyez auſſi, au catalogue général, la ſuite des fondateurs
d'ordres religieux, le Roſaire n° 475, la Vie de ſaint Ignace
& le n° 961, la Viſion de la Storta.

117 INNOCENT IX, pape. Il eſt vu juſqu'aux genoux, aſſis
ſur ſon trône, au dos duquel ſont les armoiries
pontificales. Il eſt coiffé d'un bonnet de velours,
tourné vers la gauche; il bénit de la main droite.

En haut règne un cartouche au centre duquel on voit le faint nom de Jéfus. Dans la marge d'en bas : INNOCENTIVS IX. PONT. OPT. MAX, &, au-deſſous, en deux lignes : *Dominus conferuet eum... Plus bas, à droite : Hieronymus W. fecit.* H. fans la marge : 0,197, avec la marge : 0,230; 1. 0,110.

118 Le même pape. C'eſt la copie un peu agrandie de la tête du portrait précédent. On ne voit plus le trône ni les mains. Ce buſte eſt dans un ovale inſcrit dans un rectangle. Les armoiries papales font en haut, à gauche. Dans la marge : Sᴹᵛˢ D. N. INNOCEN-TIVS IX. *Chriſtiana plebs, Sub tanto Pontifice, credulitatis ſuæ meritis augeatur. — Anton. Wierx ſculp.* H. 0,141; 1. 0,085, & fans la marge H. 0,109.

119 ISABELLE CLAIRE EUGÉNIE. Buſte à large fraiſe, dans un ovale. Elle eſt coiffée avec des perles dans les cheveux; lèvres très-groſſes & bouche de travers. On lit en exergue : SERENISS. ISABELLA CLARA EUGENIA INF. HISP., &c. Sans ſignature ni adreſſe. H. 0,055; 1. 0,043.

   Il y a une copie dans laquelle le défaut de la bouche eſt corrigé.

120 La même princeſſe. Buſte dans un double trait carré, de trois quarts, preſque de face, un peu tourné à gauche. Grande fraiſe, coiffure à la Marie Stuart, très-élevée & ornée de fleurs d'oranger. On lit dans la marge d'en bas : ISABELLA AVSTRIÆ, PHI-LIPPI II REGIS CATHOLICI FILIA HISPANIARVM PRINC. INFANS. *Anton. Wierx fecit. Hieronymus Wierx excud.* H. 0,080; 1. 0,057.

   Il y a un état avant l'adreſſe de Jérôme; il a été vendu 74 fr. à la vente Camberlyn.

121 La même princeſſe. Buſte tourné un peu à gauche, regardant en face. Chapeau orné de plumes, de

perles & de brillants. Le cadre eft interrompu, par
le haut, à caufe de la hauteur du chapeau. On lit à
l'entour : ISABELLA CLARA EVGENIA HISP. INFANS.
ARCHID. AVSTRIÆ DVCIS. BVRGVND. BRABANT.
COM. FLAND., &c. Dans la marge, deux diftiques :

> Alberti coniux, magno fata Rege Philippo
> In Belgî niueâ forte vocata fidem;
> Illa, fub optatâ quæ Pace tuebitur, hæc eft :
> Et diuerfus adhuc præmia, Belga, fugis?

Et plus bas : *Hieronymus Wierx fecit et excud.*
H. 0,093; l. 0,065 (N., 5).

122   La même princeffe. Bufte dans un ovale, draperie
en haut, prefque de face, tourné à gauche. Coiffure
haute & très-riche, grande fraife. On lit autour de
l'ovale : ISAB. CLAR. EVGEN. HISP. INF. DVCISS.
· BVRG. BRAB. COM. FLAND. ANNO. 1600. Quatre
vers latins dans un cartouche, en bas :

> MOESTA QVEROR, CIRCEN SCOPVLIS Ô BELGICA DVRIS
> CONSTRINXISSE HVMEROS, AC RELIGASSE MANVS :
> ET MEA REGNA NOVIS DIRARVM OCCVMBERE MONSTRIS
> IMMERITO, FER OPEM ET VINCLA RESOLVE PATER.

Au milieu, tout en bas : IOHAN. WIRICX. SCVLPSIT.
ET. EXCVD. H. 0,154; l. 0,117 (N., 13).

123   La même princeffe. Dans un cadre ovale, infcrit dans
un carré & décoré aux angles comme ceux de Philippe II & de Philippe III. On lit autour de l'ovale :
ISABELLA AVSTRIA, PHILIPPI II, REGIS CATHO-
LICI FILIA, HISPANIARVM PRINC. INFANS. Dans
la marge trois vers :

> *Sexus grande tui decus, et tener orbis ocelle,*
> *Refplendens Charitum donis* ISABELLA, *fit olim*
> *Vt tua præfentis veneremur numina Belgæ.*

Plus bas : *Anton. Wierx fecit et excud.* H. 0,220;
l. 0,160.

Vendu 74 fr. à la vente Camberlyn.

124　La même princeffe, fervant de pendant à un portrait
d'Albert. Bufte dans un ovale, les angles font occupés par quatre figures allégoriques. La tête eft de
trois quarts, tournée à gauche. Chapeau avec aigrette & plume fur le côté. On lit autour de l'ovale :
ISABELLA CLARA EVGENIA... Deux diftiques dans
la marge :

*Exfpectata venis, felix quæ fidus ab oris*
*Hefperijs fulges* CLARA ISABELLA *tuis.*
*Nympha genus Regum, patriæ fuccurre ruenti :*
*Belgis adfer opem moribus* EVGENIA.

Au-deffous, au milieu : *Anton. Wierx fecit.* H. 0,138;
l. 0,089.

Il y a un deuxième état avec l'adreffe de Jérôme. Le premier
a été vendu 36 fr., le deuxième 15 fr. à la vente Camberlyn.

125　La même princeffe. Même defcription que la pièce
précédente. Le chapeau eft remplacé par une haute
coiffure en cheveux furmontée d'une plume & d'une
aigrette. Mêmes dimenfions que le n° précédent.

# J.

126　JACQUES & ANNE. Les deux portraits fur une même
feuille; ils font debout : le roi à gauche, la reine à
droite. A gauche, en bas, l'écuffon d'Angleterre.
JACOBVS ET ANNA REX ET REGINA ANGLIÆ.
*Johan. Wiricx f. et ex. Cum Gratia et Priuilegio.*
*Bufchere.* H. 0,285; l. 0,225 (N., 14).

127　Les mêmes perfonnages, en pied en coftume d'appa-
rat. L'eftampe eft divifée en trois parties au moyen
de colonnes fupportant trois arcades. A gauche, le
roi; à droite, la reine; au milieu, leur abre généalogique au fommet duquel eft le médaillon du prince

de Galle (Henri). Les armoiries des deux souverains pendent au-deſſus de leur tête. Il y a de longues légendes en langue anglaiſe ſous le roi & ſous la reine, ainſi que ſous l'arbre généalogique. Sans ſignature ni adreſſe. H. 0,260; l. 0,345.

128  JACQUES VI, roi d'Ecoſſe. Ovale rogné juſqu'au trait. Buſte ſans mains, vu de trois quarts, tourné à gauche, tête nue. Légende : JACOBVS VI. D. G. SCOTORVM REX, &c. Sans ſignature ni adreſſe. H. 0,054; l. 0,042.

129  JÉSUS-CHRIST. Voyez, au catalogue général, le n° 31 de la première claſſe : *Vera effigies*, & le médaillon dans l'ouvrage d'Arias Montanus *Humanæ ſalutis monumenta*.

130  JUAN (don) d'Autriche. Ovale occupant le centre d'un rectangle paraiſſant le pendant du portrait de l'archiduc Mathias, décoré d'arabeſques dans le goût de Corneille Floris. Le prince eſt vu de profil, tourné à droite; il eſt cuiraſſé & porte la toiſon d'or ſuſpendue à un ruban. En exergue, dans le haut : DON IOHAN DAVSTRIA, & au bas, 1578. Sans ſignature ni adreſſe. Peut être attribué à Jean.

H. 0,215 avec le cadre, 0,158 l'ovale ſeul; l. 0,180 avec le cadre, 0,110 l'ovale ſeul.

## K.

131  KEY (Guillaume), peintre. Le n° 20 de la collection Lampſonius. Inſcription : DE GVILIELMO CAIO BREDANO, ſuivie de quatre vers :

> Quas hominum facies, vt eos te cernere credas
> Expreſſit Caij pingere docta manus,
> (Si tamen excipias vnum me iudice Morum)
> Culpari Belgæ nullius arte timent.

L'artiſte tient de la main gauche ſa palette & ſes

pinceaux; il eſt vu de trois quarts, tourné à droite.
La marque IH. W. eſt en bas, à droite. H. 0,220
avec la marge, 0,156 ſans la marge; l. 0,122.

# L.

132   LAYNEZ (Jacques). A mi-corps, vu de trois quarts,
tourné à gauche où il regarde, tenant dans les deux
mains un livre fermé & un chapelet. On lit dans la
marge : JACOBVS LAYNEZ ALMAZANVS. II GENE-
RALIS *præpoſitus Societatis* IESV; *vnus ex decem
primis B. P. Ignatij ſocijs; obijt Romæ anno* 1565
*ætatis* 53, &, au-deſſous : *Hieronymus Wierx fecit.
et excudit. Cum Gratia et Priuilegio. Piermans.*
H. 0,122; l. 0,072 (N., 27).

     Vendu 32 fr. à la vente Camberlyn.

133   LEYCESTER (Robert Dudley, comte de). Buſte cuiraſſé, dans un ovale, vu de trois quarts, tourné à
droite, grande barbe, toque à plumes, avec un rang
de perles. On lit autour de l'ovale : ROBERTVS
DVDELEVS COMES LICESTERVS. En dehors de
l'ovale, en bas : *Hieronymus Wierx fecit.* H. 0,078;
l. 0,060.

     Vendu 21 fr. à la vente Camberlyn.

134   LIEDEKERCKE (le baron de). L'un des trois héros
des événements d'Anvers en 1577. Les trois buſtes,
du baron de Liedekercke, de Bourſe & de Rouck
ſont réunis dans une même eſtampe ſans nom de
graveur. On les a quelquefois attribués à l'un des
Wierix. On donne auſſi cette eſtampe comme le titre
ou frontiſpice d'une ſuite de ſept gravures repréſen-
tant ces événements & dont il a été fait mention
à la VIIIe claſſe du catalogue général. C'eſt à tort,
car les portraits portent la date de 1579 & les ſujets 1578.

135 LOMBARD (Lambert). Le n° 18 de la collection Lampfonius. Infcription : LAMBERTO LOMBARDO LEO-
DIENSI, fuivie de quatre vers :

> Elogium, ex merito quod te, Lombarde, decebat,
>   Non libet hîc paucis texere verficulis :
> Continet hoc ea charta (legi fi noftra merentur)
>   De te quam fecit *Lampfoniote graphis*.

Dans les premiers états, les deux derniers mots du
dernier diftique font en grec; dans le deuxième, ils
font en latin & font fuivis de cette note : *Vitam
ejus defcripfit Dominicus Lampfonius, Brugis ab
Huberto Goltzio* 1565 *editam;* dans le troifième, les
caractères grecs font rétablis & toute l'infcription
dans la marge eft imprimée en caractères mobiles.
Ce portrait eft figné à gauche, en haut, W. I.; le
n° 18 eft à droite. H. 0,211 avec la marge, 0,155 fans
la marge; l. 0,125.

136 Le même. Pièce ronde. On lit autour de la tête :
LAMBERTVS LOMBARDVS PICTOR EBVRONENSIS.
Cette infcription eft fur une bande circulaire formée
par deux traits parallèles allant d'une épaule à
l'autre. Tourné à droite, prefque de profil. Sans
fignature ni adreffe. Devant faire partie de la même
fuite que les portraits de Michel-Ange & d'Albert
Durer. Diamètre 0,096.

137 LOUIS, roi de Hongrie. Bufte dans un ovale, vu de
trois quarts, tourné à gauche, coiffé d'un large chapeau. On lit en exergue : LVDOVICVS HVNGARIÆ
ET BOHEMIÆ REX. IN PRELIO CONTRA TVRCOS
CÆSVS MDXXXVI. *Hieroni. Wirix fecit.* H. 0,078;
l. 0,60 (N., 12).

# M.

138 MAELSON (François), médecin & penſionnaire de
Friſe, graveur ſur argent, 1538 †1602. Buſte avec
mains, tourné à droite, vu de trois quarts, aſſis
auprès d'une table. Il tient de la main gauche ſes
gants & de la droite un rouleau de papier. Le fond
figure un ciel nuageux. En haut, à gauche, un
écuſſon d'argent aux trois roſes,—plutôt des fleurs de
*paſſiflora,* — & à l'angle oppoſé la marque IH. W.
accompagnée du trait d'arbalète. Au-deſſous, dans
le champ même de la gravure : DOCTOR FRANSOIS
MAELSON, & dans la marge ſix vers hollandais
ſignés *G. Brand.*

> *Dus heeft men* MAELSONS *Beelt in ʒilver uitgeſneden,*
> *Enkhuiʒens Cicero, de mondt van ſeven Steden,*
> *Den wijʒen Raat van Staat, den deftigen Geſant*
> *Aen 't Brits en Deenſe hof, dat taalgeleert verſtandt.*
> *Doch wie ʒijn geeſt in Print of woorden wou bepavien*
> *Moſt ʒelfs een* MAELSON *ʒijn die ook de ʒon kon malen.*

H. 0,145; l. 0,095 (N., 22 Jérôme).

Il y a pluſieurs états de la planche :
1º Avec deux vers flamands dans la marge. Le mot François eſt écrit avec S au lieu de Ç ;
2º Le prénom eſt écrit de la même manière, mais les deux
vers flamands ſont remplacés par les ſix vers hollandais cités
ci-deſſus ; le caractère de l'écriture eſt relativement moderne ;
3º Le prénom eſt corrigé, mais il n'y a pas de cédille ſous
le C ; la date 1572 eſt ajoutée auprès de l'écuſſon ;
4º Comme l'état précédent ; à la ſuite de la date, on a
gravé : *Ætat* 54. C'eſt dans cet état qu'on le trouve à la
page 184 de l'édition de 1666 de l'ouvrage intitulé : *Hiſtorie
van Enkhuiʒen, Gedruckt bij Egbert van den Hoof.*

139 MARGUERITE, femme de Philippe III, roi d'Eſpagne.
Buſte dans un ovale autour duquel on lit : MARGA-

RETA. D. G. PHILIPPI III. HISPA. REG. VX. ARCHI.
D. AVSTRIÆ, ANNO 1601. Et dans un cartouche :

EN. REGINA. POTENS. SVMMI. CARISSIMA. CONIVNX *(sic)*
REGIS. IBERORVM. CVI. PARET. INDVS. ATROX
PHYDIACA. CVIVS. VVLTVS. WIRINGIVS. ARTE.
NON. MORES. POTVIT. FINGERE. MÆRE. PIOS.

Dans la bordure inférieure du cartouche : JOHA.
WIERX EXCVD., ANNO 1601. Elle est tournée à
gauche, vue presque de face. H. 0,166 ; l. 0,117
(N., 5).

Il y a un second état. La signature de Wierix est effacée &
remplacée par : *Pet. de Iode excud.*

140 La même princesse. Ovale. Buste sans bras. Une
immense fraise occupe tout le bras de l'ovale ; vue de
face, regardant à droite. Coiffure en cheveux re-
levés. Sous le trait de l'ovale, autour de la tête :
MARGARETA D. G. PHILIPPI III. HISP. REG. VXOR.
Sans signature ni adresse. H. 0,057 ; l. 0,045.

Au n° 3962 du catalogue de la collection Camberlyn se
trouve indiqué un portrait de cette princesse gravé par Antoine ; il a été vendu 60 fr.

141 MARGUERITE DE VALOIS. Nagler, au n° 13 de l'œuvre
de Jérôme, indique ainsi le portrait de cette princesse : « Toute jeune, richement habillée. *An quid
habet... est.* Sans signature ni adresse. » Ne fait-il
pas confusion avec *Marie de Médicis?*

142 Au n° 7 de l'œuvre de Jean, Nagler indique encore
un portrait de la même. Buste, richement habillé.
Joan. Wierx sculp. 1600. de la Houe ex. Pièce rare.
gr. in-fol.

143 MATHIAS (L'archiduc). Pendant de don Juan. Ovale
dans un cadre carré très-orné. On lit dans la bande,
autour de la partie supérieure de l'ovale : MATHIAS

DEI GRATIA ARCHIDVX AVSTRIÆ, &c. Buſte de trois quarts, tourné à gauche.

H. 0,210 avec l'encadrement, 0,155 ſans l'encadrement; l. 0,176 avec l'encadrement, 0,113 ſans l'encadrement.

144 MATHIAS (l'archiduc) avec le prince d'Orange GUILLAUME, dit le Taciturne. Riche compoſition enfermant deux cadres ovales avec légendes dans cinq cartouches. Trois figures allégoriques debout. Celle du milieu tient un grand écuſſon avec les armoiries des dix-ſept provinces. Les deux perſonnages ſont vus preſque juſqu'aux genoux; ils tiennent le bâton de commandant, ils ont l'autre main ſur la garde de leur épée. Vus de trois quarts, ſe faiſant vis-à-vis, tête nue, cuiraſſes et braſſarts. L'écu de chacun d'eux eſt au-deſſus de ſon cadre. Dans la marge, en bas, deux lignes : *O Jéruſalem ick wil wachters op dijne...*; ſous le cadre de l'archiduc, dans un cartouche : TRES EXCELLENT PRINCE MATHIAS ARCHIDVC DAVSTRICE DVC DE BOVRGOIGNE DE STIER, DE CARINTHIE ET DE CARNIOLE COMTE DE TIROL ET DE HABSBOVRG; ſous le cadre de Guillaume : MESSIRE GVILLAVME PRINCE D'ORANGES, COMTE DE NASSOV DE VIANDEN, DIETZ ET CATSSENELLENBOGE, BARON DE BREDA ET DIETZ VICOMTE PERPETVEL DE BESANCON ET D'ANVERS. H. 0,200; l. 0,264.

Cette pièce, qui ne porte pas de ſignature, eſt claſſée parmi les Wierix au cabinet des eſtampes de Paris (EC. 71, folio 44). On la rencontre quelquefois en tête de l'ouvrage intitulé : *Sommare beſchryvinghe*, décrit à la IXe claſſe du catalogue général.

145 MÉDICIS (Catherine de). On lit dans l'ouvrage de Niel : « Marc Duval eſt l'auteur du plus beau & du plus rare des portraits gravés de Catherine de

Médicis. Affife à une table, dans une chambre de
fon palais, d'où l'on aperçoit la campagne, la reine
pofe les mains fur un livre; fur le focle d'une colonne,
à droite, fe lifent les mots : *M. Duval f.*; &, dans
la marge : *Katerina Henrici II uxor, Francifci,
Caroli et Henrici regum mater.* 1579. L'un des
Wierix a fait une copie de ce petit ouvrage. »

On lit au tome V, page 56, du *Peintre-graveur
français*, de Robert Duménil : « Le portrait de
Catherine de Médicis, reine de France, a été copié
par Jérôme Wierix, qui n'y a pas mis fon monogramme. Il a diffimulé le larcin qu'il faifait en ne
citant pas Duval. »

Malpé indique de la manière fuivante un portrait
de cette princeffe : « Catherine de Médicis, femme
de Henri IV, gravé en 1601. » Erreur évidente qui
a été la caufe des autres erreurs commifes enfuite;
c'eft Marie de Médicis qu'il faut dire.

146 MÉDICIS (Marie de). Bufte tourné un peu à gauche,
vu prefque de face, à coiffure haute & à grande fraife;
entouré d'un trait carré. On lit dans la marge :
MARIE DE MÉDICIS ROYNE DE FRANCE ET DE
NAVARRE. *Anton. Wierx fecit. Hicronymus Wierx
excud.* H. 0,082; l. 0,058 (N., 11).

Il y a deux états : 1º avant l'adreffe de Jérôme; 2º celui dé
crit. Le premier état a été vendu 154 fr. à la vente Camberlyn
avec le deuxième.

147 La même princeffe (douteux). Bufte dans un petit
ovale, tourné à droite, grande fraife, coiffure haute.
On lit dans l'intérieur de l'ovale : MARIA D. G.
HENRICI IIII GAL. ET NAVA. REG. VXOR. Sans
fignature ni adreffe. H. 0,055; l. 0,042.

148 La même princeſſe. Très-grand portrait, avec un quatrain français dans la marge :

> *Princeſſe dont le nom honora ta naiſſance*
> *Le ciel ayant ton cœur de ſes grâces veſtu*
> *Augmente tellement le los de la vertu*
> *Qu'on te déſire voir bien toſt royne de France.*

JOAN. WIERX SCULPSIT 1600. AVEC PRIVIL. DU ROI PAUL^us DE LA HOUUE EXCUDEBAT, AU PALAIS. H. 0,345; l. 0,248 (N., 10).

Vendu 151 fr. à la vente Camberlyn.

149 La même princeſſe. Vue de face, un peu tournée à gauche, regardant à droite; coiffure élevée, grande fraiſe, collier à double rang de perles. Au bas, dans un cartouche, quatre vers latins :

AN. QVID. HABENT. VERI. PRÆSAGIA. LŒTA. FVTVRI
HOC. DOCET. HENRICI. CONJVGIALIS. AMOR.
SCILICET. VT. CAPIVNT. MEDICES. GENTILIA. SIGNA
FRANCISCA. SIC. CAPTVS. REX. IN. AMORE. TVO. EST.

Sous le cartouche : JOHAN. WIERIX EXCVD. 1601. H. 0,222; l. 0,158 (N., 9).

Il y a un deuxième état avec des tailles croiſées ſur la ſignature qu'on peut à peine lire.

Au n° 8 de l'œuvre de Jean, Nagler place un portrait de cette princeſſe d'après Clouet, in-4°.

150 MERCŒUR (Philippe-Emmanuel de Lorraine, duc de). Buſte dans un double trait carré, tête nue vue preſque de face, un peu tournée à gauche; cuiraſſe, grande barbe & mouſtaches retrouſſées. Dans la marge, en bas : PHILIPPVS EMMANVEL EX LOTHARINGIS, DVX MERCVRIVS, &c. PAR FRANCIÆ, S.R.I. PRINCEPS, &c. GVBERNATOR BRITANNIÆ. *Anton. Wierx fecit et excudit.* H. 0,080; l. 0,057 (N., 14).

Vendu 25 fr. à la vente Camberlyn.

On trouve une copie en contre-partie environnée d'un trait ovale autour duquel on lit, en haut : PHILIPPVS EMMANVEL. DVX MERCVRIVS. Sans ſignature ni adreſſe. H. 0,056; l. 0,044.

151  Le même perfonnage. Bufte, vu prefque de face,
     cuiraffé, tête nue, un peu tourné à gauche. Les armes
     de Lorraine font en haut, à droite. Epreuve fans
     fignature ni adreffe, mais rognée. H. 0,224; l. 0,166.

> Serait-ce le portrait que Nagler attribue à Jérôme Wierix
> & auquel il donne le n° 14?

152  MERCŒUR (Philippe-Emmanuel de Lorraine, duc de)
     & de Penthièvre, prince du Saint-Empire & de
     Martigues, gouverneur de Bretagne, fils de Nicolas,
     comte de Vaudemont, mort à Nuremberg en 1602.
     *Hier. Wierx.* In-folio, avec quatre vers. (V. *Lifte
     des portraits des Français illuftres*, page 220.)

153  MERCURIALIS (Everard). A mi-corps, vu de trois
     quarts, tourné à droite, tenant un chapelet de la
     main gauche & un livre de l'autre. On lit dans la
     marge : EVERARDVS MERCVRIALIS IV GENERALIS
     *præpofitvs Societatis* IESV, *natione belga, ex hac
     vita difceffit a°* 1580 *gvbernatæ Societatis a°* 8.
     Au-deffous : *Hieronymus Wierx fecit et excudit.
     Cum Gratia et Priuilegio. Piermans.* H. 0,120;
     l. 0,070 (N., 21).

> Vendu 25 fr. à la vente Camberlyn.

154  METSYS (Quentin). Le n° 9 de la collection Lampfo-
     nius. L'infcription : QVINTINVS MESIVS ANTVER-
     PIANVS PICTOR. Huit vers.

> Ante faber fueram Cyclopeus ; aft vbi mecum
>   Ex æquo piélor cœpit amare procus :
> Seque graues tuditum tonitrus poftferre filenti
>   Peniculo obiecit cauta puella mihi :
> Piélorem me fecit amor, tudes innuit illud
>   Exiguus, tabulis quæ nota certa meis
> Sic, vbi Vulcanum nato Venus arma rogarat
>   Piélorem e fabro, fumme Poeta, facis.

La marque I. H. W. eft à gauche. Le peintre eft vu
de profil, tourné de ce côté; le n° 9 eft à droite.

*Obijt* 1520 *in carthufia ad vrbis muros conditus.*
H. 0,230 avec la marg. 0,155 fans la marge; l. 0,122.

155 MICHEL ANGE. Vu de profil, tourné à gauche. Pièce ronde difpofée comme les portraits de Durer & de Lombard décrits plus haut. On lit autour de la tête : MICHAEL ANGELVS BONAROTVS NOBILIS FLO-RENTINVS ANNO ÆTATIS SVE LXXI. Sans fignature ni adreffe. Peut être attribué à Jean. Diam. 0,097.

156 MIRANDOLE (Pic de la). Bufte, le bras gauche vu jufqu'au coude ; coftume de page, manteau fur l'épaule droite; tête nue vue de trois quarts, tournée à gauche. On lit dans la marge, imprimé en caractères mobiles, en dehors de la planche :

> *A mirando* DEI *miracula, nomen habemus*
> *Quæ nos mirantes, dicere mira decet.*

Dans l'angle d'en haut, à gauche, le monogramme IH. W. H. 0,105; l. 0,098.

157 MORUS (Thomas). Bufte, vu de trois quarts, tourné à gauche, dans un trait carré, coiffé d'une barette. Il porte le collier de l'ordre de la Rofe Blanche. On lit dans la marge : THOMAS MORVS, QVONDAM SVPREMVS TOTIVS ANGLIÆ CANCELLARIVS DI-GNISS. *Anton. Wierx fecit. Hieronymus Wierx excud.* H. 0,080; l. 0,058.

> Il y a deux états, le premier porte : *Anton. Wierx fecit et excud.* A la vente Camberlyn, le premier état a été vendu 61 fr. & le deuxième 46.

158 Le même perfonnage vu jufqu'aux genoux. Il tient de la main droite un rouleau de papier. La tête avec le bufte est la reproduction réduite du portrait précédent. On lit dans la marge : EFFIGIES THOMÆ MORI; &, plus bas, cinq lignes de légende. Sans fignature ni adreffe. Cette pièce pourrait bien être de Jean Waldor. H. 0,098; l. 0,064.

159 MUSIUS (Corneille), religieux & poëte latin, marty-
rifé à Delft en 1572. Le Catalogue de 7000 portraits
de M. F. Muller, d'Amfterdam, donne la defcription
fuivante de cette eftampe : « A mi-corps, tourné à
gauche, debout, les mains jointes devant un crucifix,
contre lequel eft appuyé un livre avec la prière jour-
nalière du même. En carré, avec infcription à l'entour. Au-deffous, un fixain : *Siet hier den weerden
man, fiet...* En haut, une couronne avec palmes. »

Parmi les nombreux portraits de ce perfonnage
que renfeigne M. F. Muller, le fuivant eft attribué
à Jean Wierx.

160 « Ovale, en bufte, tourné à droite. Six vers latins :
*Geufica quem rabies,* &c. 1570 æt. 70. IH. W. In-12.

« Etat poftérieur, l'infcription modifiée *C. M.*
æt. 70. MCCCCCXCV. Sans nom.

« Tirage plus récent encore, la planche ufée *C. M.*
æt. 70. 1595. »

# N.

NASSAU. Voyez Orange.

161 NONIVS (D. Alvarus). Bufte dans un ovale; tête nue,
vue de trois quarts, tournée à droite, grande fraife,
fond pointillé. Dans la marge, au-deffous, on lit :
D. ALVARVS NONIVS LVDOI F. H. N. ANNO
1586. A gauche, un écuffon d'armes en champ d'argent, un bras tenant un livre; à droite : *Johannis
Wiericx fecit.* H. 0,126; l. 0,100. Dimenfion de
l'ovale : H. 0,095; l. 0,082 (N., 18).

Vendu fr. 8.50 à la vente Camberlyn.

# O.

### ORANGE (princes de la maifon d').

162 *Guillaume, dit le Taciturne.* En pied, cuiraffé, tête
nue ; il tient en main le bâton de commandant.
Armoiries à gauche, en haut. On voit, à droite, fur
une table, où s'appuie la main du prince, le cafque
& les gantelets. Sans aucune infcription. Bordure
étroite. Cette eftampe eft claffée à Paris parmi les
Wierix, Cl. B (1544). H. 0,277 ; l. 0,184.

163 Le même perfonnage. Bufte dans un ovale, tête nue,
vue de trois quarts, prefque de face, tournée à
droite. On lit à l'entour : GVILELMVS D. G. PRIN-
CEPS AVRAICÆ COMES NASSAVIÆ ETC. En dehors :
*Hierony. Wierix fculp.* H. 0,078 ; l. 0,60 (N., 17).
Vendu 21 fr. à la vente Camberlyn.

164 *Maurice,* prince d'Orange, comte de Naffau. Ovale,
vu prefque de face, tourné à droite, regardant devant
lui, tête nue, grande fraife. MAVRITIVS COMES A
NASSAV HOLL. ET ZEL. PRAEF. Épreuve très-
rognée. Sans fignature ni adreffe. H. 0,056 ; l. 0,045.

165 *Philippe-Guillaume.* Prefque en pied, vu jufqu'au
deffous du genou. Riche armure, toifon d'or fufpendue à un ruban, tête nue, la main gauche fur
la garde de fon épée. Le cafque à gauche fur un
meuble. Une colonne à droite, draperie au-deffus,
des deux côtés. C'eft le pendant du portrait de la
femme du prince, Éléonore de Bourbon. L'infcription eft dans un cartouche, en haut : PHILIPPVS
GVIL. D. G. PRINCEPS AVRAICÆ COMES DE NASSAV
CATSENEL. DIETZ VIAND. BVREN LEERDAM &c.
BARO IN BREDA, DIEST, ARLAY, GRIMB. &c. Et dans

la marge, en bas : JOHAN WIRICX FECIT SCVLPSIT
ET EXCVD. H. 0,193; l. 0,140 (N., 2).

En regardant attentivement cette planche on reconnaît, fur
le fond autour du bufte, une trace ovale qui indique un
raccordement des tailles au burin, ce qui démontre que ce
portrait n'avait point d'abord été exécuté dans fon entier. Il
y a en effet deux états antérieurs à celui qui vient d'être décrit.

*Premier état.* Bufte dans un ovale : c'eft abfolument le
même travail que dans la pièce complète; le cuivre a les
mêmes dimenfions. La partie gravée formant un ovale, a de
hauteur 0,090, de large 0,075. Dans un petit cartouche placé
immédiatement au-deffous de l'ovale, on lit : PHILIPPVS GVIL.
D. G. PRINCEPS AVRAICGE (*sic*) COMES A NASS: ANNO 0061 (pour
1600), & au-deffus du petit cartouche : *Jehan. Wiricx fecit
fculpfit et excud.*

*Deuxième état.* Avec cette feule différence que le milléfime
1600 eft rétabli à la place de 0061.

*Troifième état.* C'eft la pièce complète décrite plus haut.

166 Le même perfonnage. Bufte, vu de trois quarts,
tourné à droite, cuiraffé. Armures en haut, à gauche.
Une partie de la tête fe détache fur une colonne qui
occupe le fond. Entre la colonne & le bord de droite,
une vue fur la mer. On lit dans la marge l'infcription
fuivante, en trois lignes : PHILIPPVS D. G. PRINCEPS
ORANGIÆ... *Anton. Wierx fecit. Hieronymus
Wierx excud.* H. 0,220; l. 0,155 (N., 16).

Il y a un premier état avec l'adreffe : *Anton. Wierx fecit et
excudit.* Il a été vendu 60 fr. & le deuxième état 10 fr. à la
vente Camberlyn.

167 Le même perfonnage. Cette pièce reffemble beaucoup
à la précédente. Les différences font dans le fond,
qui eft couvert de tailles horizontales, fans colonne
ni vue fur la mer. Les armoiries font beaucoup plus
grandes & touchent la tête. La cuiraffe eft ornée de
cifelures plus riches. Epreuve rognée au-deffus de
la deuxième ligne de l'infcription, de forte qu'on ne
peut voir la fignature. Dimenfions, non de la planche

entière, mais du champ de la gravure : H. 0,176;
l. 0,152 (Nagler, 15 de l'œuvre de Jérôme).

168 Le même perfonnage. Bufte dans un double trait
carré. Tête nue vue de trois quarts, tournée à gauche, regardant en face. Grande fraife, manteau à
petit collet. On lit dans la marge : PHILIPPVS D.G.
PRINCEPS ORANGIÆ COMES A NASSAV, BVREN,
VIANÆ, DIETZ, CAZENELLEBOGHEN, ETC. *Anton.
Wierx fecit. Hieronymus Wierx excudit.* H. 0,079;
l. 0,058.

> Il y a deux états : 1º *Anton. Wierx fecit et excudit;*
> 2º *Hieronymus Wierx excudit.*

Au nº 17 de l'œuvre d'Antoine, Nagler indique un
portrait de ce prince avec des vers commençant par
ces mots : *Par différent accord...* Ne confond-il
pas ce portrait avec celui de Bofquet?

169 *Éléonore de Bourbon*, fille de Henri Iᵉʳ, née le
30 avril 1587, mariée en 1606, morte en janvier 1619.
C'eft le pendant du portrait du prince Philippe-
Guillaume, fon mari. Prefque en pied, coftume
très-riche, elle eft vue de face, tient un mouchoir
de la main gauche. Colonne et draperie. Au bas,
à droite dans un cartouche, on lit : JOHAN. WIRICX
F. EXCVD. CVM G. ET PRIVILEGIO. SIG. BVSCHER.
H. 0,193; l. 0,139 (N., 2).

> Il y a un deuxième état dans lequel la mention du privilége
> & le nom de Bufchere font recouverts de tailles.
>
> On trouve auffi des épreuves de cette planche rognée dans
> tous les fens & réduite aux proportions fuivantes : H. 0,165;
> l. 0,117. L'infcription fubfifte au bas. La fignature & le *privi-
> lége* ont difparu, cette partie de la planche ayant été coupée.
> On y lit : *P. de Jode ex.*

170 OVERSCHIE. On lit dans le Catalogue de F. Muller :
« Overfchie (Corftianus G.), navigateur & aftronome
hollandais, vivait à Delft au milieu du XVIᵉ fiècle.

Portrait en pied. Le perfonnage eft debout, tourné à droite, coiffé d'un chapeau, les épaules couvertes d'un manteau. Il tient fes gants de la main gauche. Derrière lui, vers le haut de la planche, fes armoiries. IH. W. Petit in-folio. »

Le même portrait eft indiqué ainfi par Huber, au catalogue de M. Brandes, tome I*er*, page 572 : « CORSTIAN *G Oberfchies Delpheus.* IH. Wierix. *H. Hond ex.* » Il eft auffi cité dans le Manuel d'Huber & Ross, tome V, page 140, & enfin par Nagler, au n° 25 de l'œuvre de Jérôme.

# P.

171  PERRENOT (Antoine). Le cardinal Granvelle. Au n° 60[bis] du catalogue du cabinet de M. Van Steenberghen, (Gand 1787,) on trouve cette mention. « Le portrait de Philippe II & celui d'Antoine Perrenot, évêque d'Arras, moyenne pièce en hauteur gravée par Wierix. »

PHILIPPE EMMANUEL DE LORRAINE. Voyez Mercœur.

172  PHILIPPE DE NERI. En habits facerdotaux, vu jufqu'aux genoux. Dans un encadrement formé de deux colonnes doriques. On lit dans la frife : BEATVS PHILIPPVS NERIVS... Dans le foubaffement : OBIIT ROMÆ VIII KAL. *Hieronymus Wierx fculp. et excud.* H. 0,111; l. 0,075.

173  Le même. En bufte, dans un cadre octogone. On lit dans la marge d'en haut : BEATVS PHILIPPVS NERIVS FLORENTINVS CONGREGATIONIS ORATORII FVNDATOR; &, dans celle d'en bas : *Obiit*

*Romæ 8 kalendas Iunias anno* 1595 *Ætatis octoge-
fimo. Hieronymus Wierx fecit et excud.* H. 0,081;
l. 0,054 (N., 371).

174 PHILIPPE II, roi d'Efpagne. Grand bufte, vu de trois
quarts, regardant en face; coiffé d'un chapeau avec
bord extrêmement petit. Encadrement avec mou-
lures à oves. Sur le fond, au-deffus de l'épaule
droite : *Jeronimus W. fe.*; au-deffus de l'autre
épaule : H. V. L. (Hans van Luyck). On lit dans la
marge : *Philippus II. Caroli V. filius, Hifpaniarum, Indiarum, Neapolis, Siciliæ, Hierofolymæ,
etc. rex catholicus. Mediolani, Brabantiæ, Gel-
driæ, etc. dux. Flandriæ, Hollandiæ, Hanno-
niæ, etc. comes. Ætatis fuæ* 59 — 1586. H. 0,356;
l. 0,250 (N., 10).

175 Le même. Bufte dans un ovale; chapeau affez élevé,
à bord très-étroit, vu prefque de face, un peu tourné
à droite. On lit autour de l'ovale : PHILIPPVS II
AVSTRIACVS, HISPANIARVM, INDIARVM, NEAPOLIS
HIEROSOLYMÆ ETC REX. Au bas, à gauche : *Hiero.*
& à droite : *Wirix fecit.* C'eft la reproduction du
grand portrait gravé par Jérôme; la toifon d'or eft
remplacée par une croix. H. 0,077; l. 0,060.

Vendu 32 fr. à la vente Camberlyn.

176 Le même. Même defcription que pour la pièce précé-
dente. Le bord du chapeau eft encore moins faillant.
Au lieu de *Hieronimus Wirix fecit* on lit *Hierony.
Wierix fculp.* H. 0,076; l. 0,058.

177 Le même. Bufte dans un double trait carré, chapeau
pointu, vu prefque de face, tourné vers la droite; il
porte la toifon d'or. On lit dans la marge : *Philippus II catholicus D. G. Hifpaniarum Indiarum etc. rex. dux Brabant. comes Flandriæ etc.*

— *Anton. Wierx fecit et excud.* H. 0,078; l. 0,058
(N., 7). Payé 3r fr. à la vente Camberlyn.

Il y a une contre-partie H. 0,079 ; l. 0,059.

178 Le même perfonnage. En bufte, coiffé d'un chapeau
très-élevé, à cannelures. Il eft tourné à droite, vu
prefque de face; il porte la toifon d'or fufpendue à un
ruban. Médaillon rond infcrit dans un carré chargé
d'ornements. Cartouche en bas avec fix vers.

> *Hac regis, fpeĉtator, habes in imagine vultum,*
> *Dona latent facro peĉtore quanta, rogas?*
> *Maieftas, et fanĉta fides, inuiĉtaque virtus,*
> *Viĉta fed a fola quæ pietate fuit.*
> *Quo melior princeps ullo vel maior in æuo*
> *Non fecit, imperij nam Deus auget opus.*
>
> J. *Hochius S. P. Q. Antverp. a fecretis.*

On lit en exergue : D. PHILIPPVS II CATHOLICVS...
*Anton. Wierx fecit et excudit.* H. 0,217; l. 0,156.
Diam. du médaillon : 0,127 (N., 6).

On trouve cette eftampe avant toute lettre.

179 Le même monarque, faifant pendant à N.-S. Jéfus-
Chrift. Dans une forte de dyptique, à trois colonnes,
furmonté d'un fronton au fommet duquel on voit une
bombe. Par un œil de bœuf ménagé dans le fronton,
un perfonnage (un prophète?), femble montrer du
doigt l'infcription : NON EST POTESTAS NISI A DEO.
ROM. 13. A gauche eft le portrait du Chrift avec une
auréole carrée; à droite celui de Philippe. Sous le
premier on lit : DEVM TIMETE; fous l'autre : RE-
GEM HONORIFICATE I.P.II. Sous le dyptique, un
grand cartouche contenant quatre lignes de texte :
COR REGIS IN MANV DOMINI..... SIC EST VOLVNTAS
DEI. I. PETRI II; & au-deffous, en dehors du cartouche : HANS LIEFRINCK. IH. W. EXCVDEBAT 1568.
H. 0,274; l. 0,215 (la planche entière). (N., 5).

180  PHILIPPE, prince royal d'Efpagne. Dans un encadre-
    ment femblable à celui du portrait de Philippe II,
    auquel il fert de pendant. Avec un cartouche conte-
    nant fix vers latins.

> *Tertius incifo fic redditur ære Philippus,*
> *Auftriacæ columen gentis, et orbis amor.*
> *Virtuti frons ipfa decus, fuffragia forma*
> *Addit, et æterno deftinat imperio*
> *An dabitur, quo nunc Hifpania gaudet alumno*
> *Cernere poffe oculis, Belgica nympha tuis.*
> *I. Bochius S. P. Q. Antverp. a fecretis.*

En exergue : PHILIPPVS III. AVSTRIACVS, HISPANIA-
RVM PRINCEPS, HVMANI GENERIS DESIDERIVM.
*Anton. Wierx fecit et excudit.* H. 0,217; l. 0,156.
Diamètre du cercle : 0,128 (N., 2).

181  Le même. Ovale. Bufte de trois quarts, tourné à
    gauche, regardant en avant, tête nue, cheveux courts,
    grande fraife, toifon d'or, fans mains. En exergue :
    SERENISS. PHILIPPVS III. AVSTRIACVS, HISPANIAR.
    PRINCEPS. Sans fignature ni adreffe. H. 0,056;
    l. 0,044.

    Vendu 39 fr. à la vente Camberlyn.

182  Le même, roi d'Efpagne. Pièce carrée, avec cette
    infcription : PHILIPPVS III AVSTRIACVS HISP. REX.
    *Anton. Wierx fec. Hiero. Wierx ex.* H. 0,078;
    l. 0,056.

    Vendu 17 fr. à la vente Camberlyn.

183  PILIER (Jean). Cadre ovale infcrit dans un carré, les
    angles couverts de tailles. Bufte de trois quarts,
    tourné à droite, regardant en face, tête nue, grande
    fraife. Sur la bande du cadre on lit : EN DIEV JE FONDS
    MON PILÆR. AAGÉ DE XXX ANS. ANNO MDCVI.
    Dans un cartouche, en bas : *Ferme et Loyal*; au-

deſſus du cartouche : *Joan. Wiricx fecit.* H. 0,082; l. 0,058.

Il y a deux états : 1° celui décrit; 2° Avec ANNO MDCIII, ſans que l'indication de l'âge ait été changée. Vendu 60 fr. à la vente Camberlyn.

184  La femme de Jean Pilier. Pendant du précédent. Buſte de trois quarts, tourné à gauche, regardant en face; coiffure à la Marie Stuart, fraiſe, &c. Sur la bande du cadre : J'ESPERE EN DIEV DE VIVRE DROIT. PVISQVE BON *ORDRE ME APAROIT.* Dans le cartouche, en bas : *Rien ſans loyauté;* ſous le cartouche : *Johan. Wiricx f.* 1605. Dans le coin à gauche, en haut : ÆTAT 21. H. 0,082; l. 0,058.

185  PISANI (Octavius). Buſte tourné à droite, vu de trois quarts, regardant en face, tête nue. Cadre ovale inſcrit dans un carré, les angles couverts de tailles. En exergue : *Nil facilius et vilius quam fine certo indice maledicere, aut irridere aliorum labores.* Le nom eſt en bas dans un cartouche. Sur le bord inférieur du cartouche, on lit : JOAN. WIERICX FECIT. H. 0,108; l. 0,080.

On en trouve une contre-épreuve.


# R.


186  RANTZOW (Henri). Ovale rogné juſqu'au trait. Buſte cuiraſſé, ſans mains; tête nue, tournée à gauche, grande barbe. En exergue : HENRICVS RANTZO-VIVS REGIS DANIÆ VICARIVS, IN DVCATIB. SLESVI. HOLSATAC. DITMARSIÆ DN. IN BREDENB. ETC. Sans ſignature ni adreſſe. H. 0,088; l. 0,068.

Vendu 10 fr. à la vente Camberlyn.

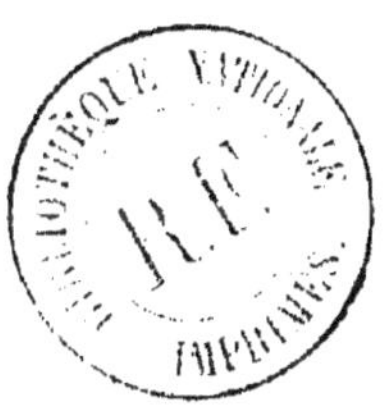

187 REALINUS (Bernardinus). A mi-corps, vu prefque de
face, tourné à gauche; il tient des deux mains un
rofeau & un chapelet. On lit dans la marge d'en
haut : *In domino gaudebo et exultabo in Deo* JESV
*meo. Habacu* 3. Dans la marge d'en bas : P. BER-
NARDINVS REALINVS *carpenfis è Societ.* JESV. *Obijt
Lupijs anno fal.* 1616. *ætatis fuæ* 86. *julij* 2. Et
plus bas : *Hieronymus Wierx fecit et excud. Cum
Gratia et Priuilegio. Piermans.* H. 0,124; l. 0,072.

Vendu 21 fr. à la vente Camberlyn.

188 Le même. Même defcription que pour la pièce précédente; celle-ci eft réduite. Il y a trois lignes dans la
marge d'en bas : les deux premières en capitales, la
troifième en italiques; & au-deffous : *Hieronymus
Wierx excudit. Cum Gratia et Priuilegio. Piermans.* H. 0,102; l. 0,065.

189 RODOLPHE II, empereur. Bufte cuiraffé, dans un
ovale; tête nue, vue de trois quarts, tournée à droite.
Onlit à l'entour : RVDOLPHVS II. D. G. ROM. IMPER.
SEMPER AVG. GERMAN. HVNG. BOHEM. DALM.
Z̄C̄. REX. ARCHID. AVSTR. DVX BVRG. Z̄C̄. Hors de
l'ovale : *Hieronymus Wierx fculp.* H. 0,077 ;
l. 0,060.

Il y a deux états : Dans le fecond, l'ombre portée à droite
eft élargie d'un millimètre & demi. La planche entière a été
retouchée.

190 Le même. Bufte vu de trois quarts, tourné à gauche,
tête nue, grande fraife, toifon d'or. Entouré d'un
trait carré. On lit dans la marge : RVDOLPHVS II
D. G. ROM. IMPERAT. SEMPER AVG. GERM. HVNG.
BOHEM. &c. REX. ARCHID. AVSTR. DVX BVRG. &c.;
& au-deffous : *Anton. Wierx fecit et excud.*
H. 0,079; l. 0,058 (N., 8).

Vendu 31 fr. à la vente Camberlyn.

Nagler, au n° 6 de l'œuvre de Jean, indique auffi un portrait de Rodolphe II.

191 RODRIGUEZ (Alphonfe). A mi-corps, tourné à gauche, les mains jointes, tenant un chapelet. La Vierge & l'enfant Jéfus apparaiffent dans le ciel, à gauche. Longue infcription de fix lignes dans la marge : VEN. ALPHONSVS RODRIGVEZ e *Soc.* IESV *coadiutor...*; & au-deffous : *Anton. Wierx fecit et excud. Cum Gratia et Priuilegio.* H. 0,123; l. 0,073.

Il y a une répétition fignée : *Anton. Wierx excud.*

192 Le même. Même defcription. On ne voit qu'une lumière célefte à l'endroit qui, dans l'autre eftampe, eft occupé par la Vierge. *Anton. Wierx fecit et excud.* H. 0,142; l. 0,092.

Il y a une répétition fignée : *Anton. Wierx inuent. Ioan. Van Mechelen excud.*

# S.

193 SALUTHIO (Frater Bartholomæus a). Nagler, au n° 370 de l'œuvre de Jérôme, indique le portrait de ce perfonnage qui doit avoir cette infcription : *Giefu, croce et Maria fia la Guardia.* Ovale. In-8°.

194 SARASIN (Jean). Au catalogue de la collection Brandès, tome I, page 572, Huber cite un portrait de Jean Sarafin, figné : Joh. W. 1585.

195 SASBOUT (Adam). Dans un ovale autour duquel on lit : F. ADAMVS SASBOVT, ANNO DOM. 1553. ÆTATIS 36 OBIIT; &, dans un cartouche, en bas : *Omnia vanitas.* Armoiries à gauche, en haut. *Joan. W. fec. ann.* 1598. H. 0,132; l. 0,103 (N., 23).

196 SENÈQUE, d'après un marbre antique. Bufte nu, vu de face, tourné à gauche, dans un ovale très-orné.

Sur un cartouche, en bas, on lit : INVITATIO AD
SENECAM & vingt-deux vers latins fur deux colonnes.
Sans fignature ni adreffe. Le ftyle des ornements
eft celui de Corneille Floris. On lit en exergue :
L. SENECÆ IMAGO. *Exftat Romæ in marmore...*
H. 0,235 ; l. 0,163.

197 SIGISMOND III, roi de Pologne. Bufte couronné, vu
de profil, tourné à gauche, dans un ovale autour
duquel on lit, entre deux traits : SIGISMVNDVS III.
REX POLONIÆ. MAGN. DVX. LITVANIÆ ETC. PRIN-
CEPS SVECIÆ. En bas, à gauche : *Hieronimus
Wirix fecit.* H. 0,077 ; l. 0,060 N., 8).

> Vendu 35 fr. à la vente Camberlyn.

198 Le même perfonnage en contre-partie. L'eftampe eft
un peu réduite. On lit en exergue : SIGISMVNDVS III
REX POLONIÆ MAGNVS DVX LITVANIÆ ETC. Sans
fignature ni adreffe. H. 0,055 ; l. 0,043.

199 STRADAN (Jean). Médaillon fervant de fecond titre
au recueil intitulé : PASSIO MORS ET RESVRRECTIO
DÑI NOSTRI JESV CHRISTI, cité à la IXe claffe du
catalogue général. (N., 20.)

200 STRANING (Paul), évêque de Cologne. Nagler indique
ce portrait, fous le n° 20 de l'œuvre de Jérôme, en
ces termes : « Paulus Straning epis. Colon. In-8°. »

201 STUART (Marie). Bufte dans un cadre ovale. Armoiries en haut. Dans les angles fupérieurs, deux anges
portant la couronne & la palme des martyrs. Dans
les angles inférieurs, on voit repréfenté le fupplice
de la reine d'Ecoffe. A droite & à gauche, une figure
allégorique dans une niche. Grande marge avec
une infcription latine de dix vers, & la traduction
françaife en regard. STVARTA MARIÆ *quæ fruebar*

*nomine*... Sans fignature ni adreffe (1). H. 0,350; l. 0,262.

202 « Stuart (Maria). Scot. Regina. æt. 44 anno 1583. Très-rare, petit in-folio. » Nagler, n° 2 de l'œuvre de Jérôme.

# T.

203 TAXIS (Lamoral). Le n° 3965 du catalogue de la collection Camberlyn. Vu prefque de face dans un médaillon; il eft éclairé par la gauche. Gravé par Antoine. Sans infcription. Vendu 70 fr. Nagler renfeigne un portrait du même perfonnage, au n° 15 de l'œuvre de Jean, 1592.

(1) On lit dans l'ouvrage de Niel, *Portraits des perfonnages français les plus illuftres du* xvi° *fiècle* :

« On conferve au Cabinet des eftampes de la Bibliothèque nationale ( portefeuille des rois & des reines d'Ecoffe), un recueil affez confidérable de portraits de Marie Stuart. De tous les portraits gravés en 1587, nul n'eft plus intéreffant que celui exécuté par H. Wierix, in-folio; on y voit les détails du fupplice de Marie. »

L'exemplaire de cette eftampe que conferve la Bibliothèque royale de Belgique ne portant pas de fignature de graveur, je me fuis adreffé à M. Georges Dupleffis, du cabinet des eftampes de Paris, afin de favoir fi l'épreuve indiquée par Niel eft plus explicite. J'ai reçu la réponfe fuivante : « Le portrait de Marie Stuart ne porte aucune fignature ni aucune adreffe. On lit feulement la mention manufcrite du nom de Wierix, mention exacte, à ce qu'il femble, mais ne donnant après tout que l'opinion d'un amateur. Il s'agit, bien entendu, du grand portrait de Marie Stuart, au-deffous duquel on lit vingt vers latins, & que décrit le prince Labanoff, fous le n° 47 de fon Catalogue. »

Voir ce qui a été dit au catalogue général à propos de l'ouvrage intitulé *Theatrum crudelitatum*, &c., dont la dernière planche, le fupplice de Marie Stuart, fe trouve reproduite aux angles du portrait de la reine d'Ecoffe.

204 THÉRÈSE (fainte). A mi-corps, tournée à gauche.
En haut, du même côté, la colombe. Sur une banderole au-deffus de la tête de la fainte, on lit : MI-
SERICORDIAS DNI. IN ÆTERNVM CANTABO. En
haut, dans la marge : MATER THERESA DE IESV;
dans celle d'en bas : *Spiritus intus alit... — Johan.
Wiricx ex. f. h. g. a. m. d. p. d. f.* H. 0,140; l. 0,085.

205 La même. A mi-corps, tournée à gauche, les mains
jointes; au coin, en haut du même côté, la colombe.
Sur une banderole fortant de la bouche : MISERI-
CORDIAS... Dans la marge : MATER TERESA DE
IESVS, FVNDATRIX CARMELITARVM EXCALCEA-
TARVM OBIIT Aº CHRISTI DOMINI 1582. ÆTATIS
SVÆ 68. *Hieronymus Wierx fecit et excud. Cum
Gratia et Priuilegio. Bufchere.* H. 0,127; l. 0,081.

   Il y a un état dans lequel la banderole eft demeurée en
blanc.

206 La même, en prière, vue prefque de face. Il y a dans
l'encadrement, formé d'un double trait, une légende
en efpagnol : LA B. Mᵉ TERESA... Dans la marge,
en bas, trois lignes de texte : *Omnia, quæ locuta
es...;* & au-deffous : *Hieronymus Wierx fecit.* La
devife ordinaire lui fort de la bouche. La colombe
eft à gauche; on voit une quenouille de ce même
côté. A droite, au-deffus. d'une fenêtre : O MORIR
O PADECER. H. 0,205; l. 0,141.

   Il y a une répétition fignée : *Hieronymus Wierx excud.
Cum Gratia et Priuilegio. Bufchere.* H. 0,103; l. 0,070.

207 La même, avec une longue infcription en efpagnol :
VNICA REVELACION... *Hieronymus Wierx fecit.*
H. 0,117; l. 0,081.

208 La même, plus jeune. Ses mains jointes tiennent un
chapelet. Elle a devant elle un livre ouvert fur les

feuillets duquel on peut lire : *Terra licet pinguis tribulos inculta...* Dans la marge, fous le nom & la défignation, deux tercets : *Iter reĉtum fignat cœli...;* & au-deſſous : *Anton. Wierx fecit et excud. Cum Gratia et Priuilegio.* H. 0,120; l. 0,078.

209   Nagler, au n° 76 de l'œuvre de Jean, indique une fainte Thérèfe avec cette infcription : *Quid mihi eſt in cœlo.* In-12.

210   Le même, au n° 348 de l'œuvre de Jérôme, indique une fainte Thérèfe tenant un livre fur lequel on lit : *Surge et propera amica mea.*

211   THOMAS A KEMPIS. A genoux devant la madone qui eſt fur un trône à droite. De l'autre côté, payfage où l'on voit deux églifes, une grotte avec un Père jéfuite lifant. Au pied de la Vierge, un livre ouvert; on lit fur une page : *In omnibus requiem quæfiui et nunquam inueni nifi...;* fur l'autre feuillet : *In een hoecxken met een boecxken.* La même légende fe retrouve dans la marge d'en haut entièrement en latin. Dans celle d'en bas : THOMAS A KEMPIS CANONICVS REGVLARIS. OBIJT A° MCCCCLXXI. XXV JULIJ ÆTAT. XCII; &, plus bas : *Hieronymus Wierx fecit et excud. Cum Gratia et Privilegio. Piermans.* H. 0,111; l. 0,070 (N., 357).

212   La même compofition. La Vierge affife à gauche, aucune infcription fur les feuillets du livre. Avant toute lettre. H. 0,115; l. 0,067.

213   La même compofition en contre-partie; cette eftampe appartient à une édition de l'*Imitation de Jéfus-Chriſt.* Les fommaires des chapitres XVII & XVIII, ainfi qu'un médaillon de la Vierge font imprimés au verfo. *Hieronymus Wierx fecit.* H. 0,116; l. 0,070.

214   TORRENTIUS (Lævinus), deuxième évêque d'Anvers.
      Ovale. Bufte fans mains, vu de trois quarts, tourné
      à gauche, tête nue. LÆVINVS TORRENTIVS SE-
      CONDVS EPISCOPVS ANTVERPIEN. Sans fignature
      ni adreffe. H. 0,056; 0,042.

215   TRESLONG (Guillaume de Bloys, dit). Demi figure,
      vu de trois quarts, tête nue, il tient de la main droite
      une bouffole & de la gauche un compas avec lequel
      il prend une mefure fur un cahier ouvert devant lui.
      La boite de la bouffole eft un peu à gauche fur la
      table ; &, tout auprès : IH. W. Dans le fond, une
      vue de la mer. A droite, un vaiffeau à trois mats navi-
      guant à toutes voiles ; à gauche, en haut, armoiries ;
      dans la marge : *Guillaume de Bloys diâ Treslong.
      Admiral de Zélande.* H. 0,126; l. 0,91 (N., 32. Jé-
      rôme).

      Il y a deux états : 1º celui décrit ci-deffus, mais avant l'in-
      fcription dans la marge ; 2º à la hauteur de l'épaule droite on
      voit deux barques avec leurs rameurs. F. Muller cite un état
      avec deux vers français.

# V.

216   VAN DEN HUEVEL (Bartold Guillaume). Pièce ronde.
      On voit du perfonnage un peu plus que la tête & les
      épaules. De trois quarts, tourné vers la droite d'où
      vient le jour. Il eft nu-tête, porte barbe & moufta-
      ches, vêtement richement brodé & collerette. On lit
      en exergue : BARTOLDVS GVILHELMI VAN DEN
      HVEVEL ÆTATIS SVÆ 39. ANNO 1577. Infcription
      fuivie d'une petite cruche. Sur une petite banderole,
      au milieu du haut : IH. W. Diam. 0,085.

217   VAN DER MEYEN (Jean-Corneille), ou Vermeyen. Le

n° 15 de la collection Lampſonius. L'inſcription : DE
JOANNE MAIO, PICTORE, dix vers :

> Quos homines, quæ non Maius loca pinxit et vrbes,
> Viſendum late quicquid et orbis habet;
> Dum terra ſequiturque mari te, Carole Cæſar,
> Pingeret vt dextræ fortia faƈta tuæ;
> Quæ mox Attalicis fulgerent aurea textis,
> Materiem artifici ſed ſuperante manu.
> Nec minus ille ſua ſpeƈtacula præbuit arte
> Celſo conſpicuus vertice grata tibi,
> Juſſus prolixæ deteƈta volumina barbæ
> Oſtentare ſuos pendula ad vſque pedes.

L'artiſte eſt vu de face, il a une barbe qui lui des-
cend au-delà de la ceinture. La marque IH. W. eſt
en bas, à droite; le n° 15 en haut du même côté.
*Obijt Bruxellis* 1559 *ætat.* 59. *ad D. Gaugerici
conditus.* H. 0,203 avec la marge, 0,155 ſans la
marge; l. 0,120.

VERNEUIL (Marquise de). Voyez Balzac d'Entrague.

218 VIRGILE. Couronné de lauriers, vu de profil, tourné
à gauche, buſte grand comme nature. C'eſt le pendant
de celui d'Homère. On lit dans la marge : PVB. VIR-
GILIVS MARO, LATINORVM POETARVM REX, SICVT
HOMERVS GRÆCORVM, PETRARCHA ITALORVM ET
DO. I. VAN DER NOOT BELGARVM &c.; &, plus bas :
*Preclar. Preſtantiſſ. D. D. Ioanni des Moncheaux,
capitaneo et præfecto militum ill[i] Ducis Parmæ &c.
Exc. c. de Iode.* La marque III. W. F. eſt en haut,
à droite. H. 0,474; l. 0,355.

Il y a un état avec l'adreſſe : *de la Houue exc.*

219 VLIERDEN (Gilles de). Avec cette deviſe : *Conſulere
quod juſtum non quod utile velis. Egidius a Vlierden. Ætatis* 62. 1586. *Johannes Wiericx fecit.*
H. 128; l. 0,099.

220   VOSMAER (S.), nonce du Saint-Siége dans les Pays-Bas, évêque de Philippi, 1598. Il eſt en buſte, de trois quarts, tourné à droite, dans un médaillon au-deſſus duquel on lit : DILECTIONE. Au-deſſous, dans un petit médaillon ovale, une colombe, une couronne & une croix avec la légende : PATIENTIAM CORONAT GRATIA ; & plus bas : Æ. 52—1598. Les angles d'en haut ſont occupés : celui de gauche par des armoiries, celui de droite par un chiffre où l'on diſtingue les lettres V.O.S.T.R.A.

Le perſonnage eſt vêtu de la robe doctorale & coiffé du bonnet carré. Son nom ne ſe trouve pas ſur la planche. Tout au bas, au-deſſus du cartouche contenant la légende : *Joannes Wiricx fecit*. H. 0,096 ; l. 0,078.

L'indication du nom ſe trouve dans le Catalogue de 7000 portraits publié, en 1853, par F. Muller, à Amſterdam. Nagler, au nᵒ 24 de l'œuvre de Jean, indique ce portrait ſous le nom de Sebald Boſmer.

# W.

221   WIERIX (Jean). Voir les deux pièces décrites au catalogue général : 1ᵒ L'Adoration du ſaint Suaire, nᵒ 1128 ; 2ᵒ La Mort ſubite, nᵒ 1190.

222   WTTENBROUCK (Thierry), bourgmeſtre de Delft, †1596, *æt.* 70. Pièce ronde, dans le genre des portraits de Michel-Ange & de Lambert Lombart. L'inſcription fait tout le tour de la pièce, on y lit : DIERCK WTTENBROVCK. JANSZOON ÆTATIS SVÆ 51. ANNO 1577. A l'endroit où la fin de l'inſcription en rejoint le commencement, les lettres IH. W. entrelacées d'un fleuron. C'eſt un buſte cuiraſſé, avec écharpe, fraiſe autour du col ; il eſt vu de trois quarts, tourné à droite. Diamètre 0,085.

# Y.

223  YVES (Frédéric d'), élu abbé de Maroilles (Maricolæ,
     près de Landrecies) en 1564; il reçut en 1585 de Sixte-
     Quint la permiffion de porter la mitre & l'anneau.
     Membre du Confeil d'Etat (6 mars 1592), décédé le
     9 avril 1599. Le portrait de ce perfonnage eft indiqué
     au n° 3904 du catalogue de la collection du cheva-
     lier Camberlyn, dans les termes fuivants, parmi les
     pièces attribuées à Jean Wierix : « Portrait d'un
     abbé; il eft repréfenté dans une bordure ovale, fur
     laquelle on lit : *Fredericus, Abbas Maricolenfis.
     de. Confilio. Status. Majeftatis. Catholicæ.* Très-
     belle épreuve avec marge. »

   Vendu 15 fr.

# Z.

224  ZAMOYSKI (Jean), grand-chancelier de Pologne &
     grand-capitaine. Gravé par Jean Wierix.

   Vendu 27 fr. à la vente Camberlyn.

---

## ARTICLE OMIS.

225  NUTIUS (Philippe), imprimeur à Anvers, frère de
     Martin (1). C'eft l'eftampe renfeignée par Nagler au

(1) Voir l'ouvrage intitulé : *Effai fur l'imprimerie des Nutius*, par
C.-J.-N. (Nuyts), Bruxelles, J. Vandereydt, 1858. On y voit que le
nom patronymique de ces imprimeurs était *Nuyts Vermeere*. Martin
a figné plufieurs ouvrages *Meranus* ou *Nutius* & quelquefois *Martyn
Nuyts de Mera.* A partir de 1565, on trouve le nom de *Philippus
Nutius, fub ciconiis.*

nº 35 de l'œuvre de Jérôme. Elle a jufqu'ici été claffée parmi les portraits anonymes.

Le perfonnage eft vêtu d'une toge en foie & coiffé d'un bonnet de même étoffe. Il a un rouleau de papier dans la main gauche, de l'autre il retient le revers de fa toge. Dans un cartouche, en bas, on lit fur deux lignes : NEMO. REPENTE. SAPIT. — MERA. Æ. 52. ANNO 1579; & en dehors du cartouche au-deffous, au milieu, la marque III. W. En haut, à gauche, un écuffon d'argent aux trois cigognes. H. 0,125; l. 0,080.

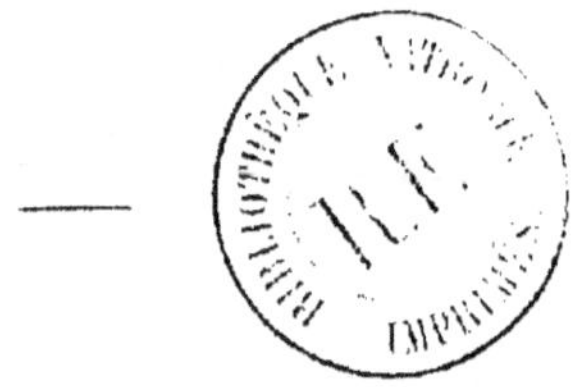

— 

## ERRATUM.

Après le nº 90, au lieu de : *On lit dans le Catalogue de Nagler, œuvre de Jérôme,* il faut lire : *On lit dans la lifte des portraits des Français illuftres, par le Père Lelong; nº 5 Jérôme Wierix* Henri III, &c.